小津安二郎の悔恨

帝都のモダニズムと戦争の傷跡

指田文夫

Contrition of Yasujiro Ozu Modernism of the Imperial City and Scars of War

はじめに

私が大学を出て横浜で就職したとき、最初の職場に非常に面白い女性がいた。60歳くらいだったはずだが大柄の美人だった。当時は独身で、弟さん夫婦の家に同居していた。噂では戦前に結婚されたが、ご主人が戦死されたので、その後は独身のまま勤めているとのことだった。

そして、この方が、芝居や映画が大変にお好きで、中村歌右衛門（六世）や中村勘三郎（一七世）らの大の贔屓だった。一応歌舞伎も見ていた私と話すと、「まあ、あなたと話していると、とても若い人と話しているとは思えないわねぇ」とよく笑われたものだ。

さらに日本映画もお好きだったが、小津安二郎のことになると

「小津安二郎の台詞って嫌味ねぇ……」

とよく言っていた。

１９７０年代当時、すでに小津安二郎映画の登場人物たちの台詞は「いったいこの人たちはどの辺の階級に属するのかよく分からないなあ」といった感じで、その馬鹿に丁寧な言い方は、相当に違和感のあるものだった。それが当時の一般の映画ファンの見方だったと私は思う。それがいったいどのようなことから、日本はおろか、世界人類共通の文化遺産と言われるまでになったのだろうか、私なりの考えをまとめてみることにしたい。

指田文夫

小津安二郎の悔恨〈目次〉

付章　二人のエバラの巨匠――『黒澤明の十字架』その後

1　失敗作『東京暮色』の評価

小津安二郎作品五十四本のなかで、サイレント時代の初期を除き、たぶん最も評価が低いのは、１９５７年の『東京暮色』だろう。キネマ旬報ベストテンでは、19位。このとき、1位と2位は、ともに今井正監督の『米』と『純愛物語』だった。作家で、１９５３年の『東京物語』では助監督を務めたこともある高橋治は、１９５６年の小津作品『早春』の主演女優岸惠子を高く評価し、岸は原節子に代わり、小津安二郎映画の新しいヒロイン像を見せたとしている。さらに高橋は、『早春』については、『晩春』『麦秋』『東京物語』の安定した、だが閉鎖的な世界から、小津が戦前の作品のような、現実の社会へ一歩踏み込もうとした作品として評価しているが、『東京暮色』については次のように酷評していた。

次作の『東京暮色』で小津は更にドラマチックな題材を選ぶ。シナリオを読むと、明らかに岸を想定して書いたと思われる個所が随所に出てくる。『早春』で予想以上の成果を見せた岸への、小津の信頼と挑戦だったのだろう。だが、岸は東宝作品、豊田四郎監督『雪国』の撮影にかかっており、そのスケジュールがのびた。六か月を要した『雪国』は皮肉なことに、『東京暮色』と同日の封切になる。恐らくこのことが原因だったのだろう、『東京暮色』は他の女優で撮られる。そして、小津の生涯で忘れ得ぬような失敗作が生まれる。選ばれた女優には表現などは遥か彼方の話で、役柄の理解力さえなかった。岸の穴を埋める女優は滅多にいないということだろう。

本当にそうだろうか。私が『東京暮色』を最初に見たのは1993年1月、横浜の映画館で、高橋の1982年に出た『絢爛たる影絵』を読んだ後だったが、正直に言って、それほどひどい作品とは思えなかった。当時のメモを再現すると次のようになっている。

『東京暮色』(93.1.14) 山田五十鈴のすごさ／中村伸郎のおかしさ／設定のおかしさ／無理やり原節子と笠智衆を一緒にしているおかしさ／信欣三の設定の不明確さ／どういう風に信欣三が変わったのか分からないこと／有馬稲子の演技は果たし

て問題か／小津が若者を分からなかっただけではないか／有馬の問題というより、田浦正巳の問題ではないか／不良が、女々しい女たらしであるというイメージのずれ／すでに裕次郎の時代であるのに／有馬が子供を堕ろしてきて、赤ん坊を見させるシーンのすごさ／山田の痛烈さ、戦中、戦後の遍歴を感じさせること／中村伸郎らも含めて／

だが、長年映画界にいて、小津作品の現場にもいた評論家の言葉なので、そのようなものかなと思っていた。それが変わったのは、劇作家で演出家だった故如月小春の著作で、俳優中村伸郎の伝記『俳優の領分』を読んだときだった。実を言えば、私は「小劇場第三世代」と呼ばれ、マスコミにもてはやされていた頃の如月の芝居をなんども見ていたが、一度も良いと思ったことがなかった。だが、雑誌『すばる』に連載され、２０００年の彼女の死後、２００６年に出されたこの本は非常に良い。昭和を代表する名優のひとり中村伸郎の詳細な伝記で、彼の演劇論、演技論がよくわかる好著である。小津が役者に対して大げさな演技を嫌ったのは有名だが、中村は小津の演技への注文について言っている。

「そんなに意味を持たせないでくれ、ということをしきりと言いますね。……さらりと言うんですが、ただ、さらりといい加減に言ったって気に入らない。何というんですかね、ハートがなくちゃいけないんです」と言っている。さらにその極意は、「内面的、半分自分に言うか、全部自分に言うか。半分相手に言うほうが、台詞に心が生きるという芝居が大好きなんですよ」

と付け加えていて、小津に指導された時は、自分は未熟だったのでよくわからなかったが、最近（1980年代末頃）はわかるようになったと言っている。（『俳優の領分』）

この中村への小津の独特の演技指導の前に、如月は『東京暮色』の感想を、次のように書いている。

小津自身あまり気に入ってはおらず、世評もあまり高くなかった、というこの『東京暮色』。私自身は、この作品が、数々の美しい、そして他の小津作品には見られない幾つかの表情ゆえに、大変好きなのだが、それにしても、全編をおおう救い難い暗さは、その後の小津作品の幸福感に満ちた作品群との、著しい違い故に、際立った印象を与える。

これを読んだとき、『東京暮色』に感動した人間が私の他にもいることを知って、大変にうれしかったことをよく憶えている。また、千葉伸夫は、ドイツ人女性の映画研究者が小津作品のトップとして、『東京暮色』を挙げていた驚きを書いている（『小津安二郎と20世紀』千葉伸夫著）。『東京暮色』は女性に感動を与える作品なのかもしれない。

高橋治が酷評した『東京暮色』の明子役の有馬稲子の演技には、小津は十分に満足していた。なぜなら、次の作品１９５８年の『彼岸花』にも佐分利信の娘役に有馬を配役しているからだ。さらに、小津が１９５９年に大映で撮った『浮草』は、もとは松竹で撮る予定で、野田高梧と脚本を書いていた。そのときの、大映版の若尾文子の役も、実は有馬稲子だった。ちなみに、松竹版の配役（カッコ内が大映版）は、進藤英太郎（中村鴈治郎）、淡島千景（京マチ子）、田浦正巳（川口浩）、有馬稲子（若尾文子）、山田五十鈴（杉村春子）だった。つまり、有馬稲子は、本当ならば『東京暮色』の後、『彼岸花』、『浮草』と小津作品三連続出演だったのである。

片岡義男は、1946年『麗人』から1960年の『秋日和』までの原節子の主演作を見て論じた『彼女が演じた役』の中で、『東京暮色』での有馬稲子について次のように絶賛している。

画面に最初に出て来た瞬間、この女性は女優として逸材なのだということが、ただちにはっきりとわかる。声の出しかたやぽんと投げだすような言葉の調子、だるそうな面白くなさそうな体のはこびかた、歩いているときのその歩き方など、半分は演技で半分は地だとして、その地の部分は僕の記憶している一九五七年そのものだ。彼女と比較すると、原節子は、そのすべてが、明らかにそれ以前の時代のものであることを、僕は認めないわけに行かない。(片岡義男『彼女が演じた役』)

このあたりが、普通の人の受け取り方であり、高橋治の酷評は尋常でないと私は思うのだ。

2 『東京暮色』という映画

『東京暮色』は、批評家の評判も悪かったが、何より当たらなかったのが低評価の原因のようだ。当時は、日本映画各社の力が非常に強く、評論家の作品への評価も、興行的な成績がかなり考慮されていたように思える。

そしてこの映画が、小津自身も気に入らず、批評家のみならず、小津の周囲からの評価（脚本の野田高梧もその一人であった）も低かった理由は、全体を覆う暗さが第一であり、ともかく救いがないからである。暗いというなら、成瀬巳喜男の1955年の『浮雲』はもっと暗い救いのない話だが、成瀬なら許せる。それは成瀬の資質だからだ。だが、松竹の盟主の小津にこう暗い作品を作られては、日本映画界は成立

『東京暮色』明子（有馬稲子）

しない。そこで明るい作品を作るべきだと脚本家野田高梧ら皆が思い、小津自身も考えて作られたのが、『彼岸花』から、遺作『秋刀魚の味』に至るまでの晩年の作品群である。

まず、『東京暮色』の筋を紹介しておく。

雑司ヶ谷の奥に銀行の監査役・杉山周吉（笠智衆）が住んでいる。長女孝子（原節子）は、大学教授沼田康雄（信欣三）との間に子もいるが、上手くいっておらず、赤子を連れて実家に戻ってきた。次女の明子（有馬稲子）は、大学を卒業し、英文速記を習っているが、不良学生木村憲一（田浦正巳）と付き合い、妊娠している。周吉には、妻喜久子（山田五十鈴）がいたが、戦前、彼が京城（ソウル）に支店長で赴任して東京に戻ったときに、彼女は部下の若い男と駆け落ちして満州に逃げ、その後彼は独身でいる。ある日明子は、母親が、五反田で雀荘をやっていることを知り、会いに行くが悩みは深まるばかり。一方、明子が妊娠を告げても、木村は不誠実で、挙句の果てに、明子は深夜喫茶にいて警察に補導されてしまう。父からは「そんな奴はお父さんの子じゃないぞ！」と叱責される。中絶手術をし、絶望した明子は自殺まがいの踏切事故で死んでしまう。その葬式の帰り、喪

『東京暮色』明子（有馬稲子）、孝子（原節子）

服姿で五反田の雀荘に孝子は喜久子を訪ねて、言う。「明ちゃん死にました」「お母さんのせいです！」

以前から北海道行きを勧められていた喜久子は、亭主相島栄（中村伸郎）の言に従い、北海道行きを決意する。相島は言う。「どこに行ったたって、二人でなら温かいやね」

数日後、雑司ヶ谷の家に喜久子が来て、明子の仏前に花を手向けたいと言うが、孝子に拒絶される。夜、上野駅から北に向かう列車に喜久子は亭主と乗っている。喜久子は、もしかしたら孝子が来るのかもしれないと窓外を探す。だが、相島は言う。「来やしないさ」

結局孝子は、夫とやり直そうと家に戻り、実家には周吉が一人残されることになる。

千葉伸夫によれば、この映画は、大ヒットのアメリカ映画、エリア・カザン監督『エデンの東』（日本公開1955年10月）の構成をヒントにしたものだという（『小津安二郎と20世紀』）。

たしかに主人公の母親が離婚して、水商売をしている（『エデンの東』では売春宿）ことは共通し、母を慕いつつ反発するところは同じである。だが、二作品には大きな相違がある。それは、『エデンの東』の主人公のキャル（ジェームス・ディーン）は、父からは愛されず、母とも意思は疎通しないがビジネスで成功するのに対し、『東京暮色』では、明子（有馬稲子）は死に、孝子（原節子）も夫と上手くいくのか不明で、一人残される周吉（笠智衆）には、老残の寂しさがあるだけだからである。むしろ構図が似ているというならば、小津の遺作『秋刀魚の味』と似ている。どちらもラストシーンが一人残された父親（笠智衆）で同一である。『東京暮色』では、妻には去られている上に、次女は死に、長女がいなくなるが、『秋刀魚の味』では、妻は不在（理由は不明）で、長女（岩下志麻）は結婚でいなくなるが、二男の和男（三上真一郎）がいるだけましではあるのだが。また、この『東京暮色』の優れたところは、多くの小津映画もそうだが、人物の会話が、完全にちぐはぐで対話にならず、また各シーンでの課題も、その場面では解決されず次に移行してしまう、その展開の非情さ、ドライさにある。

さて、この映画の最大の問題点は、主人公明子（有馬稲子）を孕ませてしまう大学生木村（田浦正巳）の造形にある。彼は、妙に弱々しく、ウエットな若者なのである。1957年当時、日本映画界では、すでに石原慎太郎・裕次郎兄弟の『太陽の季節』（1956

年5月)、『狂った果実』(同年7月)などの「太陽族映画」が大ヒットしていた。松竹でも、木下恵介が前年11月の『太陽とバラ』で、「太陽族のような無軌道で反道徳的な若者は、実は富裕な家庭の子弟の話で、庶民とは無関係」と彼らを批判的に描いていた。だが、この小津作品に出てくる木村は、太陽族のようなエネルギーもなく、ただ弱々しくて怠惰な学生である。彼の姿は、遊び仲間で同じアパートの、バンドマン川口(高橋貞二)、バーテンダー富田(須賀不二男)らと同様、戦前の軟派学生のように見える。この若者像は小津が戦後の時代の風俗にズレ始めていたからではないかと私には思えるのである。言うまでもなく、石原裕次郎を代表とする太陽族はスポーツとアクションで、きわめて肉体派だった。

例えば、銀座のバーの富田は、バーでベレー帽の客(増田順司)と、傷心で酔って店から去った明子について、次のように会話している。

ベレー帽の男(明子を見送って)「おい、今の子どこの子だい、綺麗な子じゃないか」
富田「あれですか、ズベ公ですよ」
ベレー帽の男「ズベ公、いいじゃないか、賛成だね。女ってものはな、少しズベ公の方がいいんだよ」

これは、暗に戦前に夫を捨てて中国に男と去った、戦前の言葉で言えばモガの母喜久子（山田五十鈴）のことを示唆し、それを肯定しているようにも思える。この作品で小津は、喜久子を否定していない。むしろ、それは戦前のある時期の女性の生き方として半ば肯定しているように見える。その分、夫の周吉は厳しい結末を迎えることになるが、それは先のことだ。また、同様にバーテンダーの富田は、木村を捜しまわる明子に向かって「お天道様が黄色く見えるぜ」と冷やかすが、これも随分と古い言い廻しであり、彼らはどこか戦前的である。

小津は、意外にも常に時代の風俗に敏感で、この『東京暮色』を作るにあたっては実際に新宿の深夜喫茶に行き、現場を見て「こういうのは我々には不向きだな」という感想を抱いたそうである。さらに、この作品では、戦後大流行したパチンコ屋を出し、周吉に学友（山村聰）が会いに来るシーンを撮っているほか、前の1952年の『お茶漬の味』でも佐竹（佐分利信）が岡田（鶴田浩二）と、また山内節子（津島恵子）が岡田とパチンコ屋で遊ぶ挿話もある。

この『東京暮色』では、富田、菅井（菅原通済）、さらに得体が知れない美女前川やす子（山本和子）らが麻雀卓を囲み、明子と木村の恋愛と妊娠のいきさつを川口（高橋貞二）が語る。ここでは、当時テレビのプロ野球解説で有名だった小西得郎の「小西節」で川口に恋のいきさつを喜劇的に語らせ、その顛末の幼稚さを冷やかす巧みな効果を上げている。

そこから感じられるのは、若い二人にとっては生きるか死ぬかの大問題であろうが、客観的に見れば、誰にでもある「若き日の過ち」に過ぎないという冷めた見方である。要するに、小津は大人だったのである。

事実、社会的にも大騒ぎになった「太陽族」も、石原裕次郎が大人になって体に肉を付け、ムード・アクション映画へと変質し、石原慎太郎は、「体制内革新」を標榜して、少なくとも若者たちの敵であったはずの自民党の国会議員になってしまうのだから、太陽族は若き日の一時的な「過ち」に過ぎなかったのである。

そして、この作品で、太陽族に象徴される戦後世代を鋭く批判したシーンは、妊娠した明子が、場末の婦人科の女医笠原（三好栄子）の診療所で堕胎し、雑司が谷の自宅に戻って来るところである。シナリオでは次のように書かれている。

杉山家・茶の間

孝子（原節子）が傍らで縫い物をしている。（孝子は赤ん坊の道子を見て　引用著者注）

孝子「道子ちゃん、お利口ちゃんね」

玄関あく音

孝子「どなた……（立ち上がり玄関の方へ）あ、あんた」

明子（有馬稲子）「（力のない声で）只今」

と入ってくる。

孝子「お帰り」

明子の元気のない様子に……

孝子（見返して）「どうかしたの、顔色悪いじゃないの」

明子「少し頭が痛いの」

孝子「風邪ひいたんじゃないの？」

明子「うん」

と二階へ行きかけ、フラフラとして座り込む。

孝子（見て）「どうしたの？　変ねえ、お床敷いてあげましょうか、ちょい待ってて」

と二階へ行く。

明子、廊下で遊んでいる道子を見つめる。

道子が明子の方にヨチヨチ歩いてくる。

明子（堪らなくなって）「嫌」

と顔を覆う。

ついさっき、子供を堕ろしてきた明子に向かって、赤子が手を伸ばして歩いてくる。これほど残酷でショッキングなショットのつながりを私は見たことがない。

続いて親身に明子の体を気遣う孝子の気配りが、明子にはいちいち身を刺すように否定する台詞とまなざしとなって突き刺さってくる。そして、孝子が明子に語る叔母（杉村春子）が持ってきた見合い話。なんでこんなに残酷に明子をいじめるのだろうか。

孝子「いつものようにセカセカして、そんなに早くなんの用かと思ったら、あんたの縁談なの、男の人の写真二枚持って。――それがおかしいのよ。ひとりはとっても長い顔でね、もう一人の方は、叔母さん大分気に入ってるらしいんだけど……」
明子（遮るように）「あたし、お嫁になんかいきたくない」
孝子「――？」
明子（呟くように）「いけやしない……」
孝子「どうして？」
明子「――いきたくないの」
・・・・
明子「お姉さん――」
孝子「なに？」
明子「少し静かに寝かしといて――」

孝子「そう、眠い？　じゃ少し寝た方がいいわ、寒くないわね？　用があったら呼んで――（と立って）じゃ、電気つけないどくね」

と階下におりていく。

明子、次第に涙が流れ、嗚咽して――

もう自分はまともな人間ではなくなったという悲しみ、やり直すことのできない過失への悔恨など、多くのものが明子の中に浮かんでは消えているのだろう。このシーンの明子と孝子の対比は非常に厳しい緊張感のある優れたシークエンスになっている。

多分、小津は、当時、日本映画界の中心になりつつあった日活の石原裕次郎に象徴される、戦後世代の無法な跳梁跋扈を許せなかったのだろう。彼らの存在を否定することが、この映画の隠された意味である。小津は、前作『早春』の金子千代（岸惠子）のような、ほんの遊びで色恋沙汰を起こす連中は許せた。だが、もう一歩現実に踏み込んだ時、明子のような悲劇になるのは当然と、厳しく戦後世代を批判していたのである。その意味では、前年に木下恵介が監督した『太陽とバラ』と小津の立場は同じだった。しかし、小津は、そこからさらに一歩先に、その根源は何かと突き進んでいる。それは、戦前の日本の大衆社会の退廃である。戦後の混乱は、実は昭和10年代の退廃にあると、この映画は言っているのである。

明子の姉で、大学教授の夫木村（信欣三）と上手くいかなくなって実家に戻っているのが孝子。

夫・周吉を捨て若い男と満州に逃げ、その男とも死別して帰国し、五反田で雀荘をやっている母・喜久子のところに孝子がやって来ての、何年ぶりかの再会と対決のシーンもすごい。

十数年ぶりの再会に満面の笑みをたたえる喜久子に対し、思いつめて厳しい表情で心を開かず、喜久子を鋭く批難する孝子。

「お願いですから明ちゃんに会わないでください！」

その後、今度は明子が雀荘に来て喜久子に会ったとき、明子は執拗に「私はお母さんの子なの？」と迫る。そして、自分には真面目な父（笠智衆）の血は流れておらず、母（と若い男）の淫蕩な資質のみを受け継いでいるのではないかと尋ね、喜久子は否定するが、逆に絶望に追い込まれてゆく。

この絶望の仕方は、異常で不自然に見える。だが重要なのは、未婚の女性明子の妊娠に象徴される、戦後世代の性的不道徳性や放埓さは、夫を捨てて若い男に走った、戦前の喜久子の不道徳性と同じで、「太陽族のような若者の非行は、本当は戦前に起因しているのではないか」と小津は言っているように私には思えるのである。「戦後の日本社会の性的道徳の退廃は、すでに戦前の昭和10年代から始まっていたのだ」と、戦前は大のアメリカ映画好きで、モダニストだった小津安二郎は心の奥底で言っていて、この映画でそれを自らの戒めと悔恨として描いたのだといえる。

その証拠に映画の終末、明子の葬式の後、雀荘に寄った孝子は喜久子に向かって言う。

「明ちゃん死にました」「お母さんのせいです！」

ここまで自分の母親を批難することは普通はあり得ないことだが、これは喜久子の不道徳性を、娘の孝子に批難させることによって、自分もそれを謳歌した側の一人だった、戦前のモダニズムの持っていた享楽性を小津は自ら批判しているのである。

昭和初期から1933年頃までのエロ・グロ・ナンセンス全盛時代の1933年には、『東京の女』と『非常線の女』の二本のアメリカ映画と文化への賛美そのものの作品を作っていた小津の自己批判、自戒である。そう考えないと、孝子の喜久子への批難の強さの意味が理解できない。

そして、喜久子は、亭主の相島から望まれていた室蘭行きを了承する。

「私、もう東京にいるのやんなっちゃった」

対して相島は言う。「どこに行ったたって、二人でなら温かいやね」

大人たちも実にわびしく、苦しいのである。そして、明子ら戦後世代を、彼女の事故死で否定した後、小津安二郎ら戦前世代に残っているのは、一人家にいる周吉の孤独である。そこに通う家政婦富沢を演じるのは、戦前は夫・金杉惇郎と劇団テアトル・コメディを率いたフランス帰りのモダンな女優・長岡輝子。このラストシーンは、小津安二郎の遺作『秋刀魚の味』で元新劇女優の高橋とよによって再度繰り返されることになる。

松竹蒲田で「小津は二人いらない」と言われて、成瀬巳喜男が松竹を出たように、「日本映画界に成瀬は二人いらない」というのが、この作品の評価が低い理由だったが、その奥底には深い意味が隠されていたのだ。

3　戦後世代の出現

１９４５年8月の日本の敗戦とアメリカ占領軍による支配は、最終的には１９４７年5月3日の日本国憲法の制定に結実するが、戦後の社会は、政治、経済、社会風俗、文化に至るまで大きな変動があった。俳優の古川ロッパは、昭和初期から当時の日本の芸能界では、他にいないインテリであり、映画、演劇、音楽界で最高の人気者だった。もともと欧米志向の強かった彼は、戦後は「これでやっと自分の時代が来た」と狂喜したが、現実はまったく逆だった。新しく輩出した多くの人気者に押され、また戦後のインフレと組合運動の高まりによるロッパ劇団の団員の待遇改善の要求のため、自分の劇団の解散を余儀なくされ、一人の役者として活動してゆくことになる。彼は、戦後の人気者について次のように苦々しげに１９４８年3月の「日記」に書いている。

昔から日本の人気者は、尾上松之助、沢正、これ皆ヒーローだった。それが今は(英雄主義、ファシズムの否定も加わったが)、非英雄のみがはびこってゐる。伴淳・森繁・トニー谷・アチャコ・大泉滉、それぞれチャッカリ世渡りの名人、ひとを陥れても自分が売り出そう(役も生活も)とする奴ばかりである。それらの人気のあることは、つまり修身がなくなったためだ。何だろう、そういう観方は? そして、それは決して芸人のみではなく、政治家も実業家も人気者は皆チャッカリ族ばかりなんじゃあるまいか。全くイヤンナッチャウ世の中である。(『ロッパ昭和日記・戦後篇 1948年3月』)

さすがロッパ、鋭く戦後の社会全体を見ている。そう名指しされた森繁久彌は、どのように戦後社会を見ていただろうか。自分の演技のヒントは、パチンコだと言っている。

かって私達が大学の頃は、巷にあふれる安直な娯楽は、麻雀でもパチンコでもなかった。緩慢な白と赤の玉が、けだるい姉ちゃんの声にのって、コツンと当たる、あの玉突きであった。あれがあの頃のリズムであり、生活のテンポであった。しかし、あんなに殷賑をきわめた玉突きも、戦後は影をひそめてわずかに温泉街の片隅に残るくらいのもので、銀座はおろか、都会のどこにも、それを見つけることは困難になっている。……私はハタと膝を打った。……ハハーンこれだな、よし、これを演技の中に取り入れて、リズミカルな動きと感情の推移とを、サラリとしつこくなく点描して行く手があるぞ。（『森繁自伝』）

森繁の言う戦後社会の「パチンコ」のごとく瞬間的な笑いや演技は、小津の映画の中で度々出てくる。『お茶漬の味』『東京暮色』『秋刀魚の味』など。小津安二郎の観察も、森繁久彌同様にきわめて鋭い。かつては自分の劇団の下積みにいた森繁の大活躍は、ロッパには不愉快で、許しがたいものだったが、次第にその才能を認めざるをｃず、ついには妥協し、1951年秋には和解することになる。

深川で酔余、森繁と議論。彼はムーラン・ルージュに於ける仕事を自負して、あれを見ないのは怪しからんと言う。我「見なくても判ってる」彼「判らん」我「トルストイは読まなくちゃ判らん、ムーランは見なくても判る」この野郎！　と怒鳴りつけ、彼一室へ去る。やがて、涙流して彼「あ、不肖の弟子、スマン」とおじぎする。

（『ロッパ昭和日記・戦後篇　1951年10月』）

さらに翌々年には明らかに森繁の才能と、その新しさを認めざるを得ないことを書いている。これは、戦時中を人気者の「お殿様」で安楽に過ごしたロッパと、敗戦後の満州からの引き上げの中で、地獄の底をくぐって来た森繁との人生経験の差でもあった。

日劇の今日より封切りの「亭主の祭典」を見た、ここで見たのは、森繁久彌のやはりモダニティであった。金語楼も我も、彼の今日性の前に影薄し、もはや、喜劇は生まれ変わるべき時なり。（『ロッパ昭和日記・晩年篇　1953年7月』）

小津映画で言えば戦後世代、あるいは戦後の日本の社会の大きな変化については、彼がシンガポールでの抑留から1946年2月日本に帰還し、1947年5月に作った映画『長屋紳士録』にすでに見ることができる。

築地本願寺の対岸あたりの長屋が舞台。そこに占い師の田代（笠智衆）が九段から連れて来た孤児・幸平（青木放屁）と長屋の住民たちをめぐる物語。住民のなかで幸平を引き

『長屋紳士録』

取った金物屋の未亡人おたね（飯田蝶子）は、当初幸平を邪険に扱う。だが、次第に愛情を感じ本当の子として育てようとした時、実父（小沢栄太郎）が現れるという人情喜劇。幸平が父と一緒に長屋を去った時、住人の為吉（河村黎吉）、喜八（坂本武）らは、戦後は人情が薄れ自分だけのことしか考えなくなったと反省し、おたねは次のように言う。

「いや、あたし達の気持ちだって、随分昔とは違っているよ……自分一人さえよきゃいいじゃ済まないよ……早い話が、電車に乗るんだって、人を押しのけたりさ……手前だけ腹一杯食おうって根性だろう……いぢいぢしてのんびりしていないのは私達だったよ」

次の場面では上野の山の戦災孤児たちの群れが映し出される。

「この情景は何だ！」というのは、シンガポールから戻った小津の正直な感想だったろう。前作1941年の『戸田家の兄妹』のように、日本人は他人を思いやるものだったはずだ。

次の『風の中の牝雞』では、その思いは、もっと身近な妻とのトラブルとしてさらに一層痛切になってくる。

『風の中の牝雞』は1948年公開で、小津自身がシンガポールから日本に帰国したのが1946年2月であったように、まだ海外の戦地からの未帰還兵が多数いたときの話である。東京の下町のガスタンクが見えるあたりの町に、未帰還の夫・雨宮修一（佐野周二）を待つ妻・時子（田中絹代）は、子供と一緒に酒井（坂本武）の家の二階に間借りしている。服の仕立直しで細々と生きている彼女は、昔カフェに一緒に勤めていた秋子（村田知英子）に着物を売ると、全財産がなくなる。その金で買った菓子を子供に与えると、子供が急性腸カタルになってしまう。病院の入院費用に窮した彼女は、月島の曖昧宿で、客に身を任せて金を得る、と夫・修一が戻って来る。最初は黙っているつもりだったが、何事も隠しごとなしに共に生きていくことを二人で誓っていた時子は、月島の宿

『風の中の牝雞』

に行って金を得たことを話してしまう。翌日から修一は家に戻らず、会社の同僚佐竹（笠智衆）にも話すが、心は晴れず、月島の家に行き、女を頼むと若い女性が来る。彼女に体を売る事情を聞き、彼女の行為は許す気持ちになるが、妻を許すことができない。佐竹からは、その女を許せてなぜ妻を許せないかと言われる。家に戻り、時子を問い詰めた挙句に、手を振り払った反動で、時子は階段から転げ落ちてしまう。やっとのことで二階に戻って来た妻に、やがて夫は、ねぎらいの言葉を掛け、二人は抱き合うことができる。

妻を階段から突き落として、様子を見にも行かない夫は、今日的な「フェミニズム」的観点からは大いに批難されるべき男のように見える。このシーンには、小津が戦時中にシンガポールでみた『風と共に去りぬ』の、スカーレット・オハラ役のヴィヴィアン・リーが大階段から転げ落ちる場面の影響があるのでは、と書いたのは、『銀幕の恋　小津安二郎と田中絹代』の大場健治である。戦前の小津作品でも、アメリカ映画の場面を数多く引用している彼の性向を考えれば、たぶん当たっているだろう。

だが、ここで一番重要なことは、この映画の主題は、亭主の留守中に不貞を働いた妻にではなく、戦場に行っていた男の方の問題であるということだ。階段から転げ落ちた妻を見た時、夫は突然戦場での自分たち日本軍兵士の行為、妻に象徴される弱者としての中国人たちに自分たちは何をしてきたのか、その暴力性がフラッシュ・バックし、呆然として動けなかったのが、修一である。不法な暴力行為をした人間が他人を裁けるのかという問題である。その前に、修一は自ら売春宿に行き、女性を呼んでもらうが、勿論行為はしない。ちなみに、時子の場合も、相手の男の不能によって性行為は行われていない。修一のところに来た娘の純情さに感動して、最後には修一もやっと妻を許すことができる。当時の一般の道徳的意識としては、たとえやむを得ない事情があったとしても、夫の不在中に姦通した妻は罰せられて当然との意識だったことを想起する必要がある。だが、この妻の姦通を批難する権利が、夫の修一にあるかは大いに疑問がある。彼は日本軍兵士として何をしてきたのか、当然に問われるところだからだ。夫は、妻を抱いて次のように言う。

「おい、忘れよう。忘れてしまうんだ。ほんの過ちだ。こんなことにこだわっていることが、なお俺たちを不幸にするんだ。……おたがいにもっと大きな気持ちになるんだ。もっと深い愛情を持つんだ。」

かなり唐突でとってつけたような台詞だが、ここで修一が忘れようとしているのは、妻の過ちではなく、自分たちがあるいは中国の戦場でおかしてきたかもしれない間違いである。この台詞が、自らも中国で従軍し、現地で小津とも会い、その二人の姿がニュース・フィルムにも映された修一役の佐野周二の口から出るのは、また別のリアリティを感じる。そして、この問題は、後の『早春』の杉山（池部良）たち、戦友会の場面で再度扱われることになる。

4　戦後の小津は、なぜ延々と娘を嫁がせる話を作っていたのだろうか

小津の『風の中の牝雞』での戦後の社会についての直接的な表現は、次の『晩春』以後、娘の結婚を描くことで日本の社会を表現するようになっていく。

なぜ、小津は戦後一貫して、娘を嫁がせる筋の映画を作ったのか。それについては、文化人類学の考え方がひとつのヒントを与えてくれると私は思う。レヴィ＝ストロースを代表とする文化人類学では、「女性の交換」を通じて家族から社会や文明ができてきたと説明している。そこでは「結婚は女性の交換」であり、結婚こそが人類の動物的な「自然」と「文化」、つまり未開と文明を分ける差だとしている。このことは、戦後の小津映画の基本である、娘を誰かの嫁に出す話を延々と作り続けたことと深く関連しているはずだ。ほとんど同様の筋書をいつも同じような俳優が演じているので、見ている私たちは、しまいに、どれがどれだかよく分からなくなり、個々の作品の差異が識別できなくなってくる

ほどである。

もちろん、小津がレヴィ＝ストロースの著作を読んだわけではない。中国（1937〜38年）と南方（1943〜46年）という二回の徴兵と軍報道班員としての海外生活。そこで見た多くの日本と外国の普通の人間の生き方。松竹の蒲田と大船という、家庭劇、ホーム・ドラマを中心とする撮影所での生活、さらに多くの監督、脚本家との共同作業を行ってきたことが、彼のそうした認識を生んだことは間違いないだろう。

その意味では、この『風の中の牝雞』は、娘を嫁がせる話ではないが、一度戦争で切り離された夫婦が再度結びつく話であり、広い意味では「結婚譚」であり、戦後の小津作品の始まりである。そう考えれば次の『晩春』も、出てくる階層は上流だが、そこでも人生の最大の課題は、結婚だということを示しており、主題は、前作『風の中の牝雞』と同じなのである。だから小津が『晩春』で、庶民を描くことから、急に上流の世界へと「転向」したという批難は的外れなのである。そして、なぜ次から次へと戦後の小津は、娘を嫁にやる作品を作ったのか、それは結婚が個人、家族から社会へと発展してゆくことだという認識をどこかで得たからに違いない。

戦後の『晩春』以後の小津作品を見て、誰もが不思議と思うのは、『晩春』でこそ佐竹熊太郎という名前と松山の旧家の出で東大卒の技術者という経歴の説明は出てくるが、多くの作品で結婚相手の姿が現れないことだろう。原節子など、女主人公の嫁入り話が作品の中心なのに、多くの作品では肝心の相手の男は一切姿を見せない。結婚相手がわかるのは、『麦秋』の謙吉（二本柳寛）、『彼岸花』の節子（有馬稲子）の相手の谷口正彦（佐田啓二）、『秋日和』の綾子（司葉子）の相手の後藤（佐田啓二）、『小早川家の秋』で紀子（司葉子）といずれ結婚することが暗示されている寺本（宝田明）だけである。紀子（原節子）の嫁入りシーンがある『晩春』、路子（岩下志麻）の同様の場面がある『秋刀魚の味』では、どちらも結婚相手役は一切画面に姿を現さない。『秋日和』にのみ、綾子と後藤の結婚式の写真撮影のシーンがある。これは『彼岸花』に続き、1960年秋という松竹ヌーベルバークの最盛期にもかかわらず、むしろそれによってかなりの活況を示していた松竹大船撮影所の幸福さを象徴しているとも思える。

そして私は、小津は、生まれて育ち、愛を得て結婚し、子を作る、そうした繰り返しこそが人間にとって最も意味のある重要なことがらであり、そこに起きる様々な劇（ドラマ）など、実は本当はどうでも良いことなのだと思ったのではないかと思うのだ。それは、吉本隆明風に言えば一人の人間は、皆「個として死に、類として生きる」という人間の本質に他ならないのである。

あるいは、『麦秋』についての小津安二郎の言葉でいえば、次のようになる。

これはストウリイそのものよりも、もっと深い《輪廻》というか《無常》というか、そういうものを描きたいと思った。（「小津安二郎、自作を語る」『キネマ旬報』1952年6月）

さらに小津とともに脚本を書いた野田高梧も『文芸映画『麦秋』を語る』で次のように言っている。

僕の考えでは紀子があくまで主人公だけど彼女を中心にしてあの家族全体の動きを書きたかった、あの夫婦もかつては若く生きていた、今の笠智衆と三宅邦子がそれだ。今に子供たちにもこんな時代がめぐって来るだろう、そういう人生輪廻みたいなものが漠然とでも感じられればいいと思った。（「日刊スポーツ」1951年10月）

1844年26歳の若きマルクスは次のようにノートしている。

死は〔特定の〕個人に対する類の冷酷な勝利のようにみえ、そして両者の統一に矛盾するようにみえる。しかし特定の個人はたんに一つの特定の類的存在であるにすぎず、そのようなものとして死をまぬがれないものなのである。（マルクス『経済学・哲学草稿』）

むしろ輪廻と言えば宗教くさくなるが、人間の歴史のことである。よく小津の戦後の作品は、「家族の崩壊」を描いていると言われているが、逆に「崩壊」によって家族が「継承」されていくことを描いていたのだと私は思う。

映画『東京物語』での紀子（原節子）は「誰か男と付き合っているのではないか」と最初に私に言ってくれたのは、当時一緒に芝居をやっていた先輩の俳優Yさんで、1970年代の中頃のことである。その時はかなり驚いたが、今では『東京物語』を見ると素直にそう思える。原節子の女神のような微笑の裏には複雑な現実があり、同時に小津安二郎にも、原が演じた紀子のモデルである、戦争未亡人で大船楽団の一員だった村上茂子との愛もあったからである。つまり、原節子が演じた紀子は、「二重の不道徳性」を内部に秘めていたことになる。平山紀子は、夫を戦争でなくした貞淑な妻ではなく、すでに夫を裏切っている戦争未亡人だった。その証拠にそれは、『東京物語』の次作『早春』で、杉山正二（池部良）ら戦友会の宴会の場面で説明されている。小料理屋の座敷で、中国の戦場で戦死した西島という臆病な兵隊についてである。

坂本（加東大介）「……ところがよ、帰って来て、俺がお線香をあげに行ってやったらよ、あいつのかアちゃん、あの野郎のこと、忠勇無双のわが兵だと思ってやがんのよ。ありがていよかみさんてものは」

D　「まったくだ」

B　「おれ、こないだ、そのかアちゃんに会ったぜ」

杉山「どこで？」

B　「上野の松坂屋の角で」

平山（三井弘治）「どうしてたい？」

B「御徒町の煮豆屋に後妻に行ったとかってね。唇紅く塗ってよ、幸せそうな顔してやがンのよ」
平山「まじいじゃねえか」
坂本「あいつも浮かばれねえよなア」
D「ほんとだ」
坂本「おれたち死なねえで帰って来てよかったよなア」

『東京物語』

これはどうやら小津自身の体験から書かれたようだ。言うまでもなく、小津は、中国と南方に二度も、池部良も加東大介も南方に行き、生死の境をさまようような厳しい戦争体験をしてきた男なので、そのリアリティはただならぬものがある。

『東京物語』での紀子（原節子）と義母とみ（東山千栄子）との会話を注意深く見れば、紀子は決して自分に愛する相手がいないとは言っていない。ただ、「もう結婚はしない」と言っているだけである。それは結婚以外の男女関係を考えられない地方人のとみと、戦後の現実に生きている都会人紀子との違いである。まだ若いのだから、いつでも嫁に行ってくれというとみに対して紀子は次のように答えている。

紀子「いいの、お母さま、あたくし勝手にこうしていますの」
とみ「でもあんた、それじゃあんまりのう」
紀子「いいえ、いいんですの。あたくし、この方が気楽なんですの」
とみ「でもなあ、今はそうでも、だんだん年でもとってくると、やっぱり一人じゃ淋しいけーの」
紀子「いいんです、あたくし年取らないことにきめてますから」
とみ（感動して涙ぐみ）「――ええ人じゃのう……あんたア……」
紀子（淡々と）「じゃ、おやすみなさい」

　と、立って電燈を消し、蒲団に這入るが、やがてその紀子の眼にジンワリと涙がにじんでくる。

この時、紀子の流した涙は、いったいなにに対してなのだろうか。義母には到底理解できない、現在の紀子が想う人のことだろうか、あるいは久しぶりに思い出した亡き夫昌二のことなのだろうか。

とみとのやりとりのなかで、紀子は、再婚はしないと言っているだけである。今の自分がどのような状態であり、今後もどのようになるかについては少しも言っていない。もしかして、紀子が誰か男と具体的な恋愛関係があったとしても、そのことと紀子の台詞はまったく矛盾していないのである。

さらに、最後にとみが尾道で死に、家で平山周吉（笠智衆）から形見として腕時計をもらう場面の前でも紀子は、言っている。

紀子「お母さま、あたしを買いかぶってらしたんです」
周吉「買いかぶっとりゃせんよ」
紀子「いいえ、あたくし、そんなおっしゃるほどのいい人間じゃありません。お父さまにまでそんな風に思って頂いてたら、あたくしの方こそ却って心苦しくって……」

周吉「いやア、そんなこたあない」

紀子「いいえ、そうなんです。あたし狡いんです。お父さまやお母さまが思ってらっしゃるほど、そういつもいつも昌二さんのことばっかりを考えてるわけじゃありません」

周吉「いやア、忘れてくれてええんじゃよ」

紀子「でもこのごろ、思い出さない日さえあるんです。忘れてる日が多いんです。あたし、いつまでもこのままじゃいられないような気もするんです。このままこうして一人でいたら、いったいどうなるんだろうなんて、ふっと夜中に考えたりすることがあるんです。一日一日が何事もなく過ぎてゆくのがとても寂しいんです。どこか心の隅で何かを待っているんです――狡いんです」

周吉「いやア、狡うはない」

紀子「いいえ、狡いんです。そういうことはお母さまには申し上げられなかったんです」

周吉「――ええんじゃよ。それで――やっぱりあんたはええ人じゃよ、正直で……」

周吉は紀子の心の内を見抜いていたのではないか。「狡いんです」という紀子の台詞には、もう喉まで出かかっている現在の紀子の真実があったのだと考えることができる。だからこそ、周吉は「正直で……」と真実を教えてくれたことに感謝しているのだ。夜中一人で悩むのは、やはり恐らくは道ならぬ愛にいて、最後まで結婚へとは進めない関係の不安なのだろうか。小津は、戦後の現実を鋭く描いていたのである。

それが戦後の現実であり、国家が臣民を裏切り、結局は天皇以下誰も戦争の責任を取らなかった日本だった。１９４６年に坂口安吾は『堕落論』で次のように明快に言っている。

戦争は終った。特攻隊の勇士はすでに闇屋となり、未亡人はすでに新たな面影によって胸をふくらませているではないか。人間は変りはしない。ただ人間へ戻ってきたのだ。人間は堕落する。義士も聖女も堕落する。それを防ぐことはできないし、防ぐことによって人を救うことはできない。人間は生き、人間は堕ちる。そのこと以外の中に人間を救う便利な近道はない。

小津は決して人間の裏側や奥底のどろどろしたものなどは描かなかった。それは蒲田以来の、松竹のスタッフの江戸っ子としての意地、粋がりだった。だが、その裏には人間の奥底への深い洞察、特に性的なものへの深い考察があった。

小津にとって、戦争での事件や、平時でも、男女間の出来事は、多くはその個人にとっては、自分の意思ではどうにもならないものがいくらでもある。その中での誤りは、人間としては免責されて当然という思いがあったはずだ。それは、人間が基本的には自由になり、個人の行動は自分で決定できる「民主社会」になった戦後と、そうした自由は必ずしも保証されていなかった戦前・戦中との根本的な差異であり、それを現在の基準で考えては大きな間違いを犯すことになると私は思う。

では、次に戦後の小津作品の中で、彼に違和感を与えていた戦後世代がどのように描かれてきたかをたどってみる。1950年の『宗方姉妹』では高峰秀子の、1952年の『お茶漬の味』では鶴田浩二のドライな言動が出てくるが、年齢的に考えれば、彼らは戦後派ではなく、戦中派である。『東京物語』ではわずか二箇所のみで、熱海で団体旅行で騒いでいる会社員たちと、尾道市の旧友・服部修（十朱久雄）の東京下町にある家の二階に下宿している、遊んでばかりいる法学部の大学生だけである。

次作の『早春』では女主人公金子千代（岸惠子）として、さらに次の『東京暮色』では、主人公明子と孝子、そして男友達として。結局それは一家の悲劇の元となる「パンドラの函」を開けることになり、その結果は、一人残される父親の姿になる。

小津の中で戦後派を描くことの中継地点的な作品として『お茶漬の味』を考えてみることにしたい。

１９５２年の『お茶漬の味』では、夫佐竹茂吉（佐分利信）は、会社の部長で、地方出身の庶民的な仕草や好みが抜けていない鈍感な男。妻妙子（木暮実千代）は、大磯に住む元外交官の父山内（柳永二郎）の娘で、上品な物腰で、趣味と教養に生きている。目白の家には、妙子の妹節子（津島恵子）がよく来て、東京で遊んでいる。若い彼女には東京の刺激が楽しい。冒頭、車で妙子と節子が皇居前から銀座通りに向かう。公開は１９５２年10月と、米軍の占領が4月28日に終了した直後であり、妙子は銀座への道案内を「ＰＸを右に曲がって……」と、服部時計店が米軍に接収されていた時の記憶が生々しい時期なのである。この映画は、そうした敗戦直後の世相、戦前への追憶、戦争の記憶などが交差する興味深い作品である。

よく知られているように、この『お茶漬の味』は、１９３９年に『彼氏南京へ行く』として書かれたが、検閲を通らなかった脚本の改作である。これらのテーマは、小津が中国に行く直前の映画『淑女は何を忘れたか』と同様で、上流の上品な妻の栗島すみ子が、朴訥な夫斎藤達雄を普段は凡庸だとバカにしているが、最後に夫に頬を平手打ちされて、その良さを見出すというもの。元の『彼氏南京へ行く』では、戦場に行く前日にお茶漬けを食うというのが「非常時に相応しくなく、さらに有閑階級の描写もよろしくない」ので製作されなかった。

木暮は、女学校の友達で銀座に店を持つデザイナーの雨宮アヤ（淡島千景）らと夫をよそに様々に遊びを楽しんでいる。夫に嘘をついて、彼女たちは修禅寺温泉に行き、若き日の唄を歌う。『すみれの花咲く頃』で、戦前の宝塚は、フランスのレビュー歌劇であり、彼女たちの青春黄金時代の象徴である。だが、この時にフォース助監督だった今村昌平は、次のように感じた。

「修善寺の宿で女たちが『すみれの花咲く頃』を歌う。すごいなと、思いましたよ。止めてもらたいなって」

このように、すでに戦前の黄金時代を経験した世代と今村らの戦後世代との差は明瞭にできていたのである。この場面では、一緒にいた節子も、やはりその歌に加われず、気分が悪くなったと部屋を出る。佐竹家には女中が二人いるが、若い女中（小園蓉子）に佐竹は訊く「兄さん予備隊、どうだった？」

1950年6月の朝鮮戦争の勃発で、吉田茂首相は再軍備に踏み切り、警察予備隊が出来て、隊員を募集をしていたのである。

この作品では、節子に周囲が見合いを勧める。節子は「見合いなんて野蛮で、封建的よ」と拒否し、歌舞伎座での見合いをすっぽかしたりする（歌舞伎座は前年の1951年1月初代中村吉右衛門、六代目中村芝翫らの『籠釣瓶花街酔醒』などで再興されていた）。このように彼女の自分勝手な言動と周囲の大人の反応が対比される。またパチンコ、競輪など新風俗も出てくる。佐竹が後輩の岡田登（鶴田浩二）とパチンコ屋で遊んでいると、軍隊時代の部下・平山定郎（笠智衆）に再会する。平山は、1年半前にパチンコ屋を開業したのだが、「こんなものはすぐに駄目になる、こんなものが流行っていては良くならない」と断言する。そして、平山は、「シンガポールは良かったですな、南十字星……」と南方時代を懐かしみ、『戦友の遺骨を抱いて』を万感の思いを込めて歌う。小津は中国と南方に出征しているし、笠も松竹では数少ない戦争映画『西住戦車長伝』に出て兵隊を演じている。大岡昇平によれば、戦争は日本人の大部分の人間が、最初に経験した「大規模な海外旅行」であり、戦場の記憶が悲惨なものであったとしても、現地の文物は懐かしさとして回顧されたのである。佐竹は、パチンコや競輪について言う。「大衆の中の孤独」、と岡田は返す「人生の縮図だな」と。さらに、岡田は見合い結婚が封建的と批難する節子に、大変に重要な台詞を言う。

「あんたは複雑がってますが、大きな神様から見れば、結局どっちだって同じなんですよ」と。これは小津や野田高梧のものの見方であり、先に言った輪廻である。

最後、佐竹は、前から話のあった海外勤務が突然決定し、ウルグアイに行くことになる。羽田飛行場でのパンナム機の見送りに、喧嘩していた妙子は来ず、皆はどうしたのかと思い、節子が佐竹家に行くと、妙子が戻って来て、「内容がわからない電報だったので、すぐに戻らなかった」と言い訳する。その深夜、機体故障で引き返してきた茂吉と妙子は、夜中にお茶漬けを食べ、妙子はその美味しさに驚嘆する。そして、茂吉の飾らない気楽な良さに自分も同様に感じたことに初めて気づく。

その後、岡田と節子は東京の町で付き合っているシーンがあり、節子は見合いではなく、岡田と一緒になることが示唆されて終わる。

ここに出てくる鶴田と津島の若い世代は、大人たちから見れば自分勝手で、型破りだが、小津は暖かく見守っていて、後の『東京暮色』の有馬や田浦のように否定的に描いていない。この頃は、まだ戦後世代との対立は先鋭的ではなかったからだろう。

小津のみならず、戦前の日本の映画監督、小津の他、溝口健二、五所平之助、成瀬巳喜男、内田吐夢らの男女関係、性的関係の洞察の凄さに、私が最初に気づかされたのは、1965年の田坂具隆監督の東映映画『冷飯とおさんとちゃん』だった。

第二話、三田佳子が演じるおさんは、セックスの最中に、かならず最初の男の名を呼んでしまい、どの相手とも上手くいかなくなる。もちろん、これは原作者山本周五郎の筋書だが、それをさらっと劇化できたのは田坂の性的想像力に見えた。女性問題で有名だった溝口健二ならともかく、一般的には真面目な人柄と重厚な作風で知られている田坂ですら、そうなのかと思ったものだが、小津にも似たところがある。

戦後の小津は、『東京暮色』を除けば、『晩春』以後、「きれいごと」へ行ってしまったとされている。だが、現実の小津安二郎をめぐる周囲は、決してきれいごとばかりではなかった。小田原の芸妓をめぐっての小説家・川崎長太郎との争いもあった。だが、小津はそんなことはどこにもないかのごとく、きれいごとの世界を作り上げた。それが、松竹の大衆に夢を与える映画の使命だったからである。小説家が、個人で知的な読者に向けて書く私小説と大衆に向けて作品を作る映画監督との根本的な違いである。

5　震災からの帝都復興とモダン・ガールの時代

　１９２３年9月1日午前11時58分に起きた関東大地震はマグニチュード9・7。関東地方を襲った大災害で、当時の東京、横浜などの人口約３００万人の内、10万人が地震と火事で亡くなられたというのだから、その規模の大きさがよくわかる。発行元も壊滅したので、少し遅れたが、その惨状は新聞、雑誌などで全国に報道された。中で注目されるのは、ＳＰレコードにも多数の被災記録が残されていることである。当時、テレビはもとより、ラジオもなく（ＮＨＫは１９２５年に放送開始）、マスコミは、新聞と雑誌しかなく、ナマの声が聴けるレコードは、一番庶民に身近なメディアだった。

　例えば『時事　大震災難物語』（桂小文治　１９２３年10月　日東レコード）がある。二代目桂小文治は、小柄で飄々とした関西の落語家。１９６７年に死ぬまで東京に住み、上方落語を語っていた。当日は、神田で家族と共に被災し、徒歩と列車で中央線を経由して大阪に出る。新聞記者のインタビューが大阪朝日新聞に出て、大阪の住吉にあった日東レコードから翌月の10月新譜として出された。レコードの最後で小文治は、「東京の皆さんは非常に困られております、どうか助けてやってください」と訴えている。

同様のSP盤には『講談　大正震災記』（神田伯山　1923年11月　日東レコード）、『被服廠の哀歌』（石田一松　同）などもある。伯山は『清水次郎長伝』で有名な講談の名人、やはり下町で被災し、上野辺りを彷徨する中で、被災した知人に会う件が語られている。さらに、新喜劇の曾我廼家五郎は、震災を劇にし、それもレコードになってヒットした。このようにレコードや大衆劇での震災ものが人気になったのには、新聞や雑誌では、当時の「事大主義」を反映し「閑院宮親王第四王女寛子、東久邇宮師正王、山階宮王妃佐紀子女王死亡」などの貴顕の方々の記事が大きく取り上げられ、庶民の実情の記述がほとんどないという事情もあった。貴人たちの生死より、実際に被災した大多数の庶民の姿を、芸人から語られることを人びとは求めたのである。また、映画も何本も即時に撮影されており、関西では新聞社主催で上映会も行われ大変な人気を集めた。だが、撮影は非常に大変だったと日活の女優浦辺粂子は言っている。

向島の撮影所にいたカメラマンと助手が、地震のあったすぐ後、何ということもなしに浅草に行ったんだそうです。それで隅田川に浮いている死体とか〝十二階〟が焼け落ちるところを撮ったっていうんですね。朝日とか、毎日に出た写真は〝十二階〟が焼けたあとの残骸に、焼けて崩れおちるところですから、生々しいです。そのフィルムを持って京都に来た二人の歓迎会を都ホテルでやりました。みんなが死ぬか生きるかってときにカメラを回してるわけですから、はじめは石を投げられたり、怒鳴られたり。そこで、ひょうたん池に浮いていたお女郎さんの死体から赤い腰巻をはいで、それを腕章にして巻いたら、報道陣だと思われたらしく、何も言われなくなって、思うように撮れたって話をパーティーでしてました。会社からは二人に金一封が出たそうです。（浦辺粂子『映画道中無我夢中』１９８５年）

この未曽有の大災害に対して、この災害は天が与えた罰であるとの「天譴説《てんけん》」があり、渋沢栄一は次のように言っている。

世の中が浮華軽佻に赴いた時分に、或変災を来すと云うことは、蓋し免れぬように思うのであります。安政がどうであったか、進んでは元禄は如何であったか、又往昔平家世盛りの時分に、京都の大震災などは歴史に明瞭にかいてある。是も、平相国が驕慢放漫極まりなし、と云う場合に生じたようであります。（渋沢栄一　１９２３年11月）

似たような言説は、内田魯庵にもあり、要は論者によって程度の差はあるが、明治維新以後の日本の急速な近代化、西欧化への反発、不安から来たものである。すでに１９１０年代に夏目漱石が『三四郎』や自身の講演の中で述べていたが、要約すれば、この間の日本の急激な近代化と発展は「内発的」なものではなく、時代に迫られた「外発的」なものだという。そして、その結末は、三四郎に対して廣田先生が言う「滅びるね」だった。漱石は、１９１６年に亡くなっているので、未来のこの災害を予期していたわけではないだろうが、多くの者に近代日本の発展の危うさは十分に危惧されていたのである。

９月２日に成立した山本権兵衛内閣の内務大臣後藤新平が震災復興担当になる。１９２１年の東京市長在任中には総額８億円の「東京市政要綱」を発表し、東京の根本的な改造を構想していた後藤は、震災２日後の９月４日には基礎案を策定。その後９月21日に「帝国復興の詔書」が大正天皇から発せられるが、次の三点が重要である。

1　遷都はしないこと
2　復旧ではなく復興であること
3　国家的事業としての帝都の復興

天譴説と同様に遷都論があり、東京朝日新聞は、この際「京都への遷都」を提唱していたが、詔書はこれらを完全に否定した。さらに復旧ではなく「復興」事業を国家が実施するとの宣言は、大正以降の、世界的にも第一次世界大戦後という帝国主義の、新しい時代に対応する帝都を建設するとの明確な国家意思を示すものであった。

後藤は帝国復興院による、30億円の帝都復興計画を作る。だが、内閣と野党（政友会）、枢密院などの反対で計画は縮小されて、事業は内務省の外局の復興局（1924年設置）で進められる。しかし、この計画の区画整理によって、狭隘な住居密集地域の整理、道路拡張、隅田川の新橋の架橋、公園整備、さらに小学校の鉄筋コンクリート化などが行われたが、一番有名なのは「昭和通り」の整備だろう。当初後藤新平が企図したような東京の根本的改造にはならなかったが、この震災とその後の復興事業によって東京の姿は、大きく変わる。この復興事業、さらに工業化と資本主義の進展によって地方から多くの人間が労働力として東京に移住し、彼ら新住民によって新しい東京が形成されることになる。これによって明治維新以降も、かろうじて残存していた江戸文化や情緒は殆んど姿を消した。理由は、被災した地域が、江戸以来の庶民の住居地だった日本橋、神田、浅草、上野、両国、向島などの下町だったために、その地域が火災でかなりの部分が消滅してなくなり、そこに新たな町が再建されたからである。

作家の永井荷風は、この頃の東京の変化を次のように書いている。

都下の妓街は独り此の地のみならず、災後の区画整理をなせし處は道路いずれも直線となり、狭斜特有の憂鬱なる趣は全く失われるに至れり、今は新橋も柳橋も山の手の白山富士見町などなど変りなく、皆一様になりぬ、寒き夜に雪駄の足音を忍び、或は雨のふる夜傘のかげに姿をかくして人知れず逢瀬をたのしむなどという趣は、復興後の堂々たる花柳界に在ってはいかにも不釣合なる事なるべし。（『断腸亭日乗』昭和3年1月8日）

まるで河竹黙阿弥作の『雪暮夜入谷畦道』の直侍と三千歳の逢瀬のような江戸情緒は、震災後の区画整理で消えたのである。

そして1930年3月24日には、本所の震災記念堂を中央会場に帝都復興祭が行われ、昭和天皇は、東京の各地を巡行する。その模様は東京朝日新聞によれば次のとおりである。

ひとり東京市とはいはず、わが国の歴史に特記さるべき3月24日の復興帝都は、霞たなびく麗らかな朝を迎えた。天皇陛下にはこの日ご予定の如く復興の装ひ華やかなる新装の首都に親しく御車を進めさせられたのである。朝まだ早きから市内十ケ所において御巡幸を報ずるサイレン、花火の高らかなる響き、この日の光景を刻々に報じるラヂオに、奉拝市民のおびただしい群れは延長二十マイルにわたる御道筋さして急ぎ、御車の進むところ歓呼の声は朗らかに至るところに起こった。

翌日も東京では花電車が出て、皇居前広場では祝賀芸能大会が行われるなど、復興を大々的に祝った。荷風は冷静に叙述しているが、喜びがあらわれている。彼にとっても故郷の東京の復興はうれしかったのだろう。

三月二十四日　春風駘蕩、この日復興祭、陛下終日市中を巡行したまふと云う、之がため市中通行留の處多き由、中州に往くべき日なれど家に留まる。……灯ともし頃車を倩ひ小星と共に銀座通りより上野広小路の賑ひを看、茶渓を過ぎて番街の家に至る。見番に芸者の踊あり、此の日午後九段阪上にて花電車一両焼けたりと云う。

この頃に斎藤一声や鳥取春陽らの演歌師によって歌われたのが添田知道作の『復興節』である。

ウチは消えても　江戸っ子の　意気は消えない　見ておくれ　アラマ　オヤマ
忽ち並んだバラックに　夜は寝ながらお月さま眺めて
エーゾエーゾ帝都復興エーゾ　エーゾ
銀座街頭泥の海　種を蒔こうというたも夢よ　アラマ　オヤマ
新平さんに頼めばエーゾ　エーゾ

このとき、小津安二郎はどうしていたのだろうか。小津が故郷の松阪から東京に上京し、松竹キネマ蒲田撮影所に入ったのは、1923年8月1日で、ちょうど一か月後に彼は震災にあった。撮影所の被害も大きく、監督の島津保次郎、カメラマンの碧川《みどりかわ》道夫以外は、京都の下加茂撮影所に移る。この時、小津はまだ撮影部所属だったので、名カメラマン碧川の助手を務めた。後に日活で阿部豊監督の『足にさはった女』(1926)、内田吐夢監督の『土』(1932)などの撮影、戦後は衣笠貞之助監督のカンヌ・グランプリの『地獄門』(1953)の技術監督を務めた名撮影監督の碧川から小津が得たものは大きかったはずだ。というのは、碧川は、松竹がハリウッドから最高額の報酬で招いた撮影監督ヘンリー・小谷の直弟子で、小谷の俳優への演技指導法が、碧川を経て小津らに伝わったからだ。

小谷の演出は、シナリオは一切見せずに役者の動作、手振り身ぶり、視線の方向などだけを指示するものだったという。彼は、当時の日本映画の幼稚なフィルムの操作法、現像、編集などにハリウッド・スタイルを持ち込み、根本的に改革したと言われている。佐藤忠男は、小谷のユニークな演出法について、次のように言っている。

どういうことをやったかというと、役者は素人でもいいと。……例えばスポーツ選手、ダンスホールのダンサー、そういった今日的な匂いを身につけている人。しかし、役者としては素人である。そういう人をスカウトしてきて、その人に三歩、歩いてここで止まってここを見てくださいという、そういう演技指導を始めました。脚本を読ませない。そして、「そこで見た先に誰がいるんですか。私の恋人ですか、お母さんですか」と言う、俳優さんが……すると「それは考えなくていい」と。それを考えるとそれらしい芝居をするとそれらしい芝居をすると困るんだと。……そうするとさっき恋人を見つけてそこでぱっと表情が輝いてたようにお客のほうで錯覚するんだと。お母さんがいれば懐かしいような表情に見えるんだと。そこのカットの入れ方で、本人が自覚しなくても、という。これは非常に極端だけれども、確かに映画的な演技というもののひとつのありかたですね。（城西国際大創立20周年記念・日活百周年記念シンポジウム　２０１２年12月）

松竹蒲田撮影所で小津と大変に仲が良かった監督に清水宏がいる。清水は、大変な暴君で、助監督に威張り散らし、酒と女で問題を起こすので有名だった。だが、正反対の性格の小津とは何故か気が合い、日常的に付き合っており、作風的にも似通ったところがあった。清水宏は、松竹では主に娯楽メロドラマを多作したが、同時に小品的な佳作もあり、1936年の上原謙主演の『有りがたうさん』は、バス運転手の上原が「ありがとう」と沿道の人に声をかけていく映画で、淡々として抒情的な雰囲気が素晴らしい作品である。彼は、後にはプロの役者の演技を否定し、素人を起用して映画『蜂の巣の子供たち』のような秀作を撮ることになる。

同様に、小津の演出法として非常に有名な、俳優の動き、台詞の一言一言、言葉尻の上げ下げ、手の位置や動かし方などを完全に決めてその通りやらせるのも、この小谷式の演出法であり、余計な演技をさせないことがその目的だった。

またこれは、マキノ雅弘や伊藤大輔らの時代劇の監督がやった「振付芝居」にもよく似ている。マキノ雅弘の「芸談」には必ず、「役者はこういうポーズを取って、視線をこの方向に向け、片足に重心を乗せれば、自然にこういう感情に見える」という彼の演出術が出てくる。彼らの演出法も、俳優に余計な演技をさせないことで、これは歌舞伎や日本舞踊の振付から来たものである。これも小谷式と同様、役者が余計な「臭い芝居」をすることを避け、自然な映画向きの演技をすることを目的としていたのである。それも、俳優に、無用な芝居をさせない方法で、小津が俳優の演技の一つ一つを明確に指示し、小津の望む画面構図を作らせたのとそのねらいは同じである。『全日記小津安二郎』には、１９３３年12月に清水のトーキー作品について、次のような感想がある。

１９３３年12月14日（木）▲清水のトーキー見学　感情をすぐに表情にすることは女優として必要なことかも知れないが、これはまことにはしたない。18日間にどれだけのニウアンスが出来たか　▲この日清水もめる深夜炬燵に春琴抄をよむ中ば電話あり

清水がもめたことが何かは不明だが、女優の演技については、まことに小津らしい感想と言うべきだろう。さらに、小津に関する神話の一つとして、彼がトーキーをすぐに手掛けなかったのは、若き日からの盟友のカメラマン茂原英雄がトーキーを研究していて、彼が成功するまで待っていたというのがある。だが、それも、むしろ小津が、トーキーによって俳優に勝手に台詞を言われることを嫌ったためではないだろうか。サイレント映画

なら、俳優の動きはほとんど完全にコントロールでき、台詞もスポークン・タイトルで、監督の意のままである。だが、トーキー映画になれば、俳優に台詞を自分の好き勝手な解釈で言われる可能性があり、監督の支配の及ぶところではなくなる。だから、小津はトーキー映画でも、監督が完全に俳優の演技を管理できる時期までトーキーに移行しなかったのではないだろうか。

この頃に松竹蒲田では、野村芳亭に代わって新しく撮影所長に就任した城戸四郎の指揮の下、島津保次郎が水谷八重子主演の明朗なホーム・ドラマ喜劇『お父さん』を監督して好評を得る。以後も、城戸四郎は、「蒲田調」として都会の市民の日常的で些細な出来事の笑いと涙の喜劇を作りだしていく。それは大震災以後の庶民に起こった感情の変化に沿うものであった。

小林久三は「野村等（野村芳亭）が企画製作したのは、おもに新派悲劇的な題材であった。だが、ようやくサラリーマンが都会の中心になりつつあり、大震災が、その変化に加速度をつけた。加えて、大震災後の心理的後遺症が、観客の好みに微妙な変化をあたえた。暗いものより明るいもの。大震災によって、突然、バラバラにされた市民は、家族の大切さに思いを寄せ、生きる基質を家庭にもとめるようになった」（『日本映画を創った男　城戸四郎伝』1991年）としているが、そのとおりにちがいない。

今日、それらのサイレント喜劇を見て私たちが感じるのは、東京に生活する市民の日常生活が、電車、ビル街、洋食やダンス、郊外の住宅地など、現在の私たちの生活とほとんど同じであることの驚きである。

松竹蒲田の小津の先輩で、1931年には国産トーキー第一号の映画『マダムと女房』を作った監督の五所平之助も、「監督は、役者が台詞を言うまでの感情表現の段取りが重要で、台詞になったら役者のものにされてしまう」といっている。

彼は小津安二郎についても、「小津君は幸福だ。映画があまり当たらなかったのでフィルムが残っている。僕のは、みなヒットして沢山上映されてフィルムが摩滅したので残っていない」といっている。確かにサイレント時代の五所作品はほとんど現存していない。この比較は、小津を揶揄したのではなく、小津の死後、長く日本映画監督協会理事長を務め、映画の保存に尽力してきた者としての、五所の言葉と解すべきだろう。

6　劇『思ひ出を売る男』と昭和初期の青春

戦前、昭和初期の時代は、一般的に言われる「戦争に向かう暗い時代」では実はなかった。もちろん1941年12月の太平洋戦争以後は戦争の暗い時代になっていくが、戦前は、トーキー映画、ジャズ、ダンス・ホール、洋食、漫画、ラジオ放送、円本ブームや雑誌「キング」の創刊など、いわゆる現在にもつながる大衆文化が開花した、ある意味明るく華やかな時代だった。このことを私が最初に実感したのは、2005年に劇団四季の公演『思い出を売る男』（加藤道夫の戯曲は『思ひ出を売る男』）を見たときだった。

加藤道夫の死の二年前の1951年に発表されたこの戯曲は、戦後の荒廃した都会の裏町で、音楽で他人に思い出を甦らせる男が主人公。そこには、戦争で傷ついた男女がいる。だが、彼らは戦争で傷を受けているが、同時に以前は輝かしい青春があったことが表現されている。その象徴は、フランス映画1931年の『巴里の屋根の下』と1932年の

『自由を我等に』である。

敗戦後の東京、ある町の裏通り。サキソフォンと手廻しオルガンで男が売るのは、「思い出」を甦らせること。花売り少女が来てたずねる。「おじさん、どこから来たの？　何を売っているの？」「遠いところさ。おじさんは思い出を売っているのさ」次に街娼がくる。戦争で恋人と子供、家族を失った彼女の希望で男がサキソフォンで奏でるのは『巴里の屋根の下』。女は恋人との幸福な時を思い出す。チンドン屋が忠告する。「商売には親分ジョオに仁義を通せ」と。さらにG・Iのリクエストで、『金髪のジェニー』を歌う。合わせてサキソフォンを吹くと、壁に恋人ジェニーが現れる。次の乞食には、男は『自由を我等に』を吹いてあげる。警官が、人を殺したジョオを追いかけて来て去る。そこにジョオが現れ、彼は男と上着とサキソフォンを取替え、彼が上手にサキソフォンで吹いた曲は、『巴里の屋根の下』男は、ジョオがさっき来た街娼の恋人だったことを知る。昔のことを尋ねると、彼は言う「俺は記憶をなくしちまったんだ」。

ジョオを逃がし、男が『巴里の屋根の下』を奏でると、壁にはジョオと女の思い出が映し出され、ジョオは女を抱く。響く銃声と倒れるジョオ。

この劇の人間たちは、少女を除き、みんな傷ついた過去をもっていて、それは戦勝国の米兵も同じ。彼らの美しい思い出、過去はメロディーによって蘇る。その美しい思い出の象徴が日本ではフランス映画であることが明らかにされている。

戦前の日本には、フランス映画の黄金時代があり、それは1931年から1934年頃までだった。「キネマ旬報」の批評家投票のベストテン入りした作品は次のとおり。

1931年

第2位　『巴里の屋根の下』（ルネ・クレール）

第4位　『百万《ル・ミリオン》』（ルネ・クレール）

1932年

第1位　『自由を我等に』（ルネ・クレール）

1933年

第2位　『巴里祭』（ルネ・クレール）

1934年

第1位　『商船テナシチー』（ジュリアン・デュヴィヴィエ）

第3位　『にんじん』（ジュリアン・デュヴィヴィエ）

このようにフランス映画の持つ庶民的なヒューマニズム、洒落たセンス、知的な音楽の使い方などは、映画ファンのみならず、若者の憧れだった。専門的に映画を見て、研究していた小津のような映画人以外からは、アメリカ映画の評価は決して高くはなかった。映画人で、アメリカ映画を高く評価した者に伊丹万作の次のような意見があったが、むしろ例外的である。

まず第一に我々はアメリカ映画によってスピーディーな生活様式を学んでいる。……次に我々は彼らによって行動的な気構え、快活な挙措を学んだ。つづいて我々は彼らの積極的、意志的、ときには闘争的な生活態度を学び、人間としてのほこりを大切にし、何ものに対してもものおじしない彼ら一流の骨っぽい処世哲学を学び取った。（伊丹万作『映画俳優の生活と教養』１９４０年）

『思ひ出を売る男』の主人公の男には、戦前に若い恋人との恋物語があったように、当時の若者には、それぞれにふさわしい恋物語が当然にあったはずである。ただ、それは１９３７年の盧溝橋事件に始まる日中戦争、そして１９４１年の真珠湾攻撃に始まる太平洋戦争で、本格的な悲劇へと向かうが。少なくとも１９４０年頃までには、現在に通じるような大衆文化が開花し、そこで多くの人たちがそれを享受していたことは間違いない。なぜ、ことさら私がそうしたことに驚いたかと言えば、私は高校時代から鮎川信夫、田村隆一、北村太郎ら『荒地派』の詩人たちの詩や評論を読んでいたからだ。彼らの著作では、戦前は、戦争に向かっていく暗い時代として描かれていた。鮎川信夫は、次のように書いていた。

１９４１年、２年（昭和16、17年）にあっては我々にとって希望は忌むべきものであり、絶望こそ正当な我々にふさわしいものと思はれた。我々は自分等の芸術的活動をいちじるしく封殺せられ、世は挙げて愚昧、無味乾燥、無批判、の悪風によって最後の大戦争に不可避的に突入しつつあった。……我々はもう外でどんなことが起っても驚かなくなってしまった。我々は希望を全然持たなかった。絶望に陥ったといひたいところだが、そんな気力もなく単に快楽と刺激のみを追求する蕩児となり、日本的自由主義の残滓である頽廃面に沈面し競馬、賭博に凝り夕陽の街に享楽を求め、夜に快楽を漁る惰性の生活を続けてゐたに過ぎない。（鮎川信夫『戦中手記』１９６５年）

実際は、鮎川ら『ル・バル』そして『荒地派』の詩人たちと、加藤周一や福永武彦、中村真一郎ら、戦後は『マチネ・ポエティク』で活動する作家たち、さらに彼らとも交友のあった加藤道夫とは、そう大きく年齢が離れていたわけではない。加藤道夫、福永武彦、中村真一郎は共に１９１８年生まれ。黒田三郎、中桐雅夫、加藤周一は１９１９年生まれ。鮎川信夫１９２０年生まれ、田村隆一１９２３年生まれである。ただ、この時期は、時代の急激な変化によって、社会の状況や制度が著しく変化し後戻りはなかったので、わずかな年齢の差が、時代への体験の根本的な差異となったのである。写真家桑原甲子雄は劇作家戸板康二との対談で次のように言っているが、たぶんそうにちがいない。

「（昭和11年ごろは）いちばんいい時代だったみたいですね。昭和の五十年間を通じても、あの頃は物もあったし、人口は少なくて公害はないし、都市としてはいちばん住みよい時代でしたね」（『夢の町』桑原甲子雄東京写真集　桑原・戸板康二　１９７７年）

また、音楽評論家安倍寧は、宝塚歌劇団の演出家植田紳爾、映画評論家白井佳夫らと語り合っている。

「俺たちはな、ヨーロッパに眼開かれたのは二つあるんだよ、一つは宝塚のシャンソン。もう一つは東和商事のヨーロッパ映画」ということを（ある先輩から 引用者註）言われました。「この二つが俺たちのヨーロッパへの窓だったんだよな」とおっしゃって盃を酌み交わされていたのを思い出すんですが。白井さんどうでしょう、映画の輸入ということもちょっと何かに触れていただければ、戦前から日本に洋画が入ってきてどんな影響を及ぼしたのか？」（安倍寧・白井佳夫・植田紳爾「民音トーク」2010年「昭和エンターテイメント再発見 続編」）

文芸映画や演劇については、欧米文化の影響は主にフランスだったようだが、ミュージカル映画、ジャズ、ポピュラー音楽、ダンスといった分野は、圧倒的にアメリカだったようだ。西欧からの日本の大衆文化への影響は、このようにその分野によって異なっていいたことはよく注意しておく必要がある。

そしてこのことは意外に知られておらず、だから「ジャズは戦後に占領軍として日本に来た米軍によって普及した」というような間違った見方も出てくる。ジャズは昭和初期からレコードや時にはラジオ放送、実演によって日本の大都市では広く受容されていたのである。

7　エロ・グロ・ナンセンスの時代と『非常線の女』

小津の1930年代のアメリカニズムにいく前に、小津が映画監督になるまでを簡単に追っておく。小津安二郎は、1903年12月12日、東京市深川区万年町（江東区深川二丁目）に生まれた。生家は肥料問屋で大変に裕福だった。彼は、家の方針で小学校と中学校は、故郷の松阪で過ごす。だが、中学時代から映画が大好きになり、大学受験に失敗し、故郷で代用教員をした後上京し、1923年8月松竹蒲田撮影所に入る。監督が希望だったが、監督部に空きがなく、撮影部でカメラの助手を務め、1927年時代劇『懺悔の刃』で監督になる。

撮影部、すなわちカメラマンから監督になった者には木下恵介や、『青幻記』を監督した成島東一郎、さらに1970年代に多数の娯楽映画を作った斎藤耕一がいる。斎藤は、松竹ではなく、東映と日活のスチール・カメラマンの出だが、1970年代に主に松竹から多数の娯楽作品を発表した。小津の他、木下、成島、そして斎藤と、カメラマンから監督になった者の多くが松竹に関係しているのが興味深い。松竹と言えば、城戸四郎が称えたディレクター・システムと脚本重視が有名だが、松竹の作品、そして監督は意外にも画面、映像中心主義である。それは松竹大船から移籍して日活や東宝の百恵・友和映画で活躍した西河克己、さらに松竹京都から日活に行き、後にロマンポルノで数多くの傑作を残した神代辰巳などにも同様に、映像主義的にみえる画面作りの場面も多い。
『懺悔の刃』などの小津の初期の作品は、フィルムはおろか脚本も残されていず、梗概と批評で作品を想像するしかない。なかで注目されるのは監督四作目の『カボチヤ』についての岡村章の「キネマ旬報」1928年11月1日号の評である。

近ごろ問題の短編喜劇中の優秀作品である。小津作品は殆んど駄作をみせない。そしてこれは良き作品である。ストウリイがよき題材を捉えている点、ギャッグの利用、そして「落ち」の巧さ等、讃えられてよい。小津作品の特長とも言えるのは、キャメラのコンポジションが丹念なことである。セットが簡潔なことである。そして映画的なものを多分に持ち合わせている。この少壮な監督者の将来に期待してよい。

この作品については、小津自身も「この頃じゃないかな、コンティニュテイの建て方というものが自分でようやく判りかけて来たのは」と「キネマ旬報」1952年6月上旬号で言っている。

岡本章という評者の最後の方の「コンテがよく、セットやギャッグの落ちの巧さ」など、これは戦前、戦中、そして戦後の小津作品の特徴そのままである。

1920年代の俗にローリング・トゥエンティーズと言われたパリを中心とした欧米人の享楽の1920年代の裏には、第一次世界大戦の悲劇があるとすれば、日本の1930年代、昭和初期のエロ・グロ・ナンセンス時代の背景には、関東大震災があったはずである。

永井荷風は、1936年8月に銀座の女たちを『断腸亭日乗』で次のように形容している。

晩間銀座に往き食料品を購ひ不二あいす店に一茶す。一隅の卓子に米国生まれの日本の女五六人英語にて語り合ふ。其傍には、洋服断髪の女又三四名、巻煙草をふかし男のやうな語調にて活動寫眞の事を語り合へり。これ銀座の飲食店にては珍しき光景にはあらず。されど目のあたり之を見れば、東京の生活の古き傳統は全く滅びたりとの感深からざるを得ざるなり。夜ふけて雨ますます降り増さりぬ。

荷風は、1932年10月には銀座のドイツレストランのラインゴールドに行った際の二人の女給の姿を実際にスケッチして『断腸亭日乗』に載せているが、短髪でカジュアルな軽装である。1937年11月19日の銀座と日本の様子については、次のように書いている。

今秋より冬に至る女の風俗を見るに、髪はちゞらしたる断髪にリボンを結び、額際には少しく髪を下げたるもの多し、衣服は千代紙の模様をそのまま染めたるもの流行す。大形のものは染色けばけばしく着物ばかりが歩いてゐるやうに見ゆるなり。売店の女また女子事務員などの通勤するさまを見るに新調の衣服（和洋とも）を身につくるもの多し。東京の生活はいまだ甚だしく窮迫するに至らざるものと思はるゝなり。戦争もお祭りさわぎの賑さにて、さして悲惨の感を催さしめず。要するに目下の日本人は甚幸福なるものゝ如し。

まことに冷静に時勢を観察している。日中戦争がすでに始まり、次第に戦争への破局に向かっていたのであるが、同時に満州事変以後の戦時景気や蔵相高橋是清のケインズ的財政政策等によって、都市の日本人は好況を享受していたのである。

この頃に、モダン・ガールで有名だった女優が四人も出演している映画がある。1935年の成瀬巳喜男監督のPCL映画『妻よ薔薇のやうに』である。鉱山技師というか山師のような男山本俊作（丸山定夫）には、妻で歌人の悦子（伊藤智子）がいたが、彼は悦子と娘君子（千葉早智子）を捨てて、愛人のお雪（英百合子）と田舎で暮らしている。君子は、父と愛人とを許せなかったが、二人の仲を見て許し、大人の女になるという中野実の新派劇の映画化である。

戦後は、岸輝子などと同様に老婆役専門だった英百合子は、柳永二郎、中野英治と結婚し、岸輝子も千田是也の前に俳優の東屋三郎と結婚したことがあるなど、二人ともモガで有名だった。さらに伊藤智子は、1913年に陸軍のエリート本間雅晴（「バターン死の行進」の本間中将である）と結婚したが、1918年の本間のイギリス留学には同行せず、東京で芸術家の仲間と交流したが、中には永井荷風もいて、1920年頃は恋愛関係にあった。彼女は、本間とは1921年に正式に離婚するが荷風とは一緒にならず、舞台美術家の伊藤喜朔と結婚するも後に離婚し、映画女優として活躍する。その代表作が『妻よ薔薇のやうに』なのである。千葉早智子も、1937年に成瀬と結婚したが3年後に離婚し、明眸皓歯で戦後は料亭を開くなど行動的な女性だった。また、丸山定夫が演じる父親俊作の兄新吾役で藤原釜足が出てくる。その妻役が細川ちか子で、彼女は丸山をはじめ二人の男との結婚・離婚歴があり、その上実業家の藤山愛一郎の庇護も受けるなど、自由な女性だった。このモガの四人に冴えない中年男の丸山定夫（実際は女出入りが激しかったそうだ）を競わせたのだから、成瀬は非常に皮肉な監督である。

このようにモガのような女性が、20世紀の初頭に出て来たのには明確な理由があった。参政権が代表例だが、先進国でも女性の諸権利がほとんど認められていなかった時代、ファッションや風俗の世界で、女性が自己主張と自己表現をしたのは、当然のことだった。そうした分野でしか、女性は男性と対等に活躍できなかったからである。女性の権利は、日本は特にひどかったが、欧米でも程度の差はあれ、きわめて低かったのである。だから、ファム・ファタールと言われ、映画『ルル』で、悪女を演じ、実際にも飛んでいる女性だったルイズ・ブルックスのような女優が欧州にもいたのである。大岡昇平は、彼女には子供っぽさもあったと書いている。

映画の発達に従い、「悪女」の受けた重大な変化なのだ。頭のてっぺんから爪先までみだらな19世紀末の舞台女優を、映画はまずヴァンプ（妖婦）として模倣することからはじめる。しかし、一つの大戦を挟んで発達した大衆文化に悪女が受容されるには、脚を露出しても顔は幼女という二重性、あいまいさが必要だった。（大岡昇平『ルル』1984年）

『非常線の女』

小津安二郎の1933年のサイレント映画に『非常線の女』がある。題名からしてアメリカの暗黒街もの映画を思わせるが、これは驚くほどアメリカ映画の忠実な模倣なのである。戦後の『晩春』『麦秋』『東京物語』に代表される日本的情緒を基調とする小津安二郎映画とは、まったく異なる作品である。このギャング映画の主人公は幼女的な田中絹代だったのだから、彼女は大岡昇平がいう「悪女」に該当していたことになるが、それを小津はよくわかっていたのだろう。

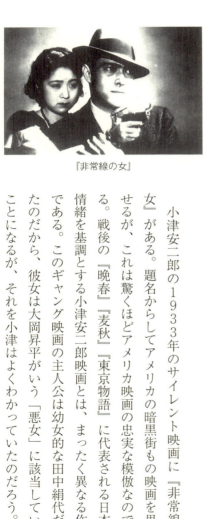

冒頭、ビジネス街を往来する人間の大俯瞰が強いコントラストの画面で始まり、オフィスのタイプライターの列を横移動で捉えるが、これだけでも戦後の小津作品とは全く異なる世界である。可憐なタイピストの時子（田中絹代）は、社長の息子岡崎（南条康夫）に惚れられ宝石をプレゼントされたりしているが、実は、町の不良のボス襄二（岡譲二）の情婦である。彼らはボクシング・ジムを根城にしているが、英文ポスターをはじめ、タバコの吸い方、ダンス・ホールでのフォックストロットやチャールストンなど、すべてがアメリカそのものである。

彼らのところに、大学生の宏（三井秀男→三井弘次）が仲間入りさせてくれと言ってくる。彼の姉はレコード屋の純情な娘和子（水久保澄子）で、なぜか襄二は彼女に惚れてしまう。

ここで注意すべきは、時子（田中絹代）・襄二（岡譲二）らは洋装で、洋風なアパートの生活様式、和子（水久保澄子）は和服で弟宏（三井）と住んでいる部屋も和式であることだ。宏は新入りとして仲間に見栄を張るため、姉のレコード店の金を着服していた。返済に窮して「金を貸してくれ」と懇願して来た宏に対し、襄二は「最後の仕事だ」と言って、時子と共謀して社長の息子・岡崎から大金を奪って車で逃走する。だが、最後、時子は「最初からもう一度やり直そうよ」と言って、襄二に自首を勧め、二人は警官に逮捕される。

この奇妙な筋はいったいなにを意味しているのだろうか。作品が製作された1933年（昭和8年）は、戦前のいわゆるエロ・グロ・ナンセンスの時代の最盛期で、この年の11月には、伯爵で歌人の吉井勇の妻徳子らが関係した「不良華族事件」もあった。

小津の「アメリカかぶれ」がいかに本気だったかを示す彼の文章がある。1933年4月21日の東京朝日新聞に掲載された「丸の内点景」である。

春の夜である。今、活動がハネたばかりで、人浪は、帝劇から丸之内の一角を通つて、銀座につゞく。「一寸、つき合へよ、アロハ・オエを一枚買つて行くんだ」三人連れの海軍青年士官のスポークンタイトル。▽春の夜の、コンクリートの建物の並んだ、丸之内の裏通りのごみ箱一つ見えない、アスファルトの往来に、ふと、野菜サラダのにほひを感じたと芥川龍之介は書いてゐる。この通りには、ところどころに西洋料理店はあるし、大方は、地下室が、料理場になつてゐて、ほ道とすれ〳〵に通風窓があるから、野菜サラダだらうが、かきフライであらうが、鼻が悪くない限りごみ箱を連想し、その所在を気にせずとも、それより遙に新鮮なにほひを感じるのは当然である。

当時、このあたりに洋食屋が一軒もなかつたと、好意的に解釈するとして――今僕の前を行く、これも帝劇の帰りの慶応の学生も、洋食に関して極めて博学を示してゐる。

「日本の海老はラブスターとは、いはないんだね」

春の夜の丸之内の裏通りに、ふと洋食を感じるのは、どうやら春の夜の定式らしい。

驚くほど流行に合わせた先端的な文章で、ハワイアン、カキフライなど最先端の風俗を取りいれているのには感心するほどである。１９６０年代に大島渚、吉田喜重、篠田正浩らの松竹ヌーベル・バークが現れたとき、小津は「俺も昔はヌーベル・バークと言われたんだぞ」と言ったというが、それがよくわかる。

さて『非常線の女』に戻ると、アメリカのギャング映画まがいの作品で、小津は何を描いたのだろうか。それは、田中絹代・岡譲二に象徴されるアメリカ的なものへの強い憧れの中で、日本的な水久保澄子・三井秀男姉弟を救うために義挙として犯罪を行い、最後は悔悛してしまうことに象徴される小津自身の揺れ動きである。西欧文化に限りなく近づきたい、しかし最後は日本的なものの中に戻らざるを得ない小津安二郎の矛盾の率直な表現であると考えられる。

さらに清水宏が、1933年6月に作ったサイレント映画に『港の日本娘』があり、小津に比べれば通俗的だが、ここにもアメリカニズムへの全面的な傾倒をみることができる。横浜の女学校の同級生の砂子（及川道子）とドラ・ケンネル（井上雪子）は、仲がよくいつも一緒である。そこに不良少年のヘンリー（江川宇礼雄）が現れるが、なんとこの時に、オートバイに乗ってくるのだから、すごい。ドラを後部座席に乗せて横浜の海岸を疾走するのは、まるで1971年の藤田敏八監督の日活最後の映画『八月の濡れた砂』である。ヘンリーは、港の不良でギャングのような連中の手下だが、足を洗おうとも思っている。彼には情婦燿子（沢蘭子）がいて、そのことを知った砂子は、燿子を、ヘンリーから借りたピストルで撃って負傷させてしまう。横浜にいられなくなった砂子は、長崎、神戸と流れるが、最後はまた横浜に戻ってくる。ただし売れない画家三浦（斎藤達雄）付きで。ヘンリーは真面目になりドラと結婚していて、二人は幸福に生活している。燿子は体を病んでいて死ぬ運命にある。どこに行けば良いのかと思案した砂子と亭主は再び港から船に乗ってゆく。

この映画で、主人公四人を演じた役者の内、江川と井上は混血で、斎藤はシンガポールに住んだことのある男だった。主人公四人の内三人が、非日本人的なのである。江川の洋服姿、帽子などはまるでアメリカのギャング・スターのジョージ・ラフトばりであり、井上は到底日本人女性には見えない。その他、横浜の公園、倉庫、岸壁と船舶、ヘンリーとドラの家の西洋風の壁紙、ソファー、洋食、電蓄とフォックストロット、井上のショト・ヘアーなど、当時の精いっぱいのアメリカ風、ハイカラな風俗の氾濫である。

そして、ここでも注目されるのは、半ば失業者の砂子の亭主（斎藤）が、町中で「人が多すぎるから職が見つからない」と言っていることである。これは小津の１９３６年の名作『一人息子』で、息子の野々宮良助（日守新一）が、母親おつね（飯田蝶子）が現状の惨めさに落胆するのに対して、「東京は人が多すぎるから出世できない」と反論しているのと同じである。当時、日本でも資本主義社会が発展し、多数の人間が地方から都会に出てきてサラリーマンとなったが、それはすでに大衆の一人になることだった。明治時代の「末は博士か大臣か」の時代ではなかったのである。

さらに、行くあてもなく港を出てゆくこの映画のラストは大変に示唆的である。言うまでもなく1933年は、まだ左翼運動が盛んだったときであり、作家の小林多喜二は、特高に捕まり2月20日に死んでいる。これを挟み、小津は、後の1938年1月に、恋人杉本良吉とソ連に逃亡する岡田嘉子の主演で、1933年2月に『東京の女』、4月27日には田中絹代主演のギャング映画『非常線の女』を公開している。『東京の女』は共産党を示唆する筋書があり、左翼運動とギャングものを小津は続けて作っているのである。小津は決して時代の動向に超然として日本的なものを作っていた監督ではなく、それを肯定・否定するかは別として、常に時代の流行に関心の強い監督だったのである。

『東京の女』

『東京の女』は、大学生の良一（江川宇礼雄）と姉のちか子（岡田嘉子）、さらに良一の恋人春江（田中絹代）、その兄の警官（奈良真養）が登場人物。検閲でカットされ短縮されたために、元の筋はよくわからないが、タイピストのちか子は夜の仕事もしていて、それを共産党に廻しており、姉弟の部屋の壁にはマルクスの肖像画がある。最後、良一の自殺が唐突で、不十分な作品だが、小津の日本の現実への十分な関心を窺うことができる。

同様に、清水宏にあっても、『港の日本娘』で二つの潮流の流れを描いて時代の方向を示唆している。1933年という、エロ・グロ・ナンセンスの最盛期にあって、ヘンリーとドラ組は、享楽的な生活をやめ、真面目に生活していくことを選択している。対して、砂子と亭主は港を出て船でどこに行くのだろうか。すでに前年の1932年には満州事変が起き、事変景気が起きていたので、中国に行き、一山当てようと目論んでいると想像される。その意味で、この通俗メロドラマは、その裏に時代の変化を表現しており、昭和初期の享楽時代の終焉を描いている。事実、3年後の1936年には、陸軍青年将校の反乱の「2・26事件」が起き、日本は急速に軍国主義化していくのである。

また、私はここで、この『非常線の女』は、1932年10月6日に東京大森で起きた、日本共産党による「ギャング事件」にヒントを得たものではないかとの説を出しておく。大森と言えば、小津らの蒲田撮影所の隣であり、彼が熟知していた場所で起きた大事件は、小津に強い衝撃を与えたと推測される。

この「非常時共産党」の大塚有章ら三人組は、夕方4時頃に、川崎第百銀行大森支店に現れ、拳銃で行員を脅して現金3万円余を強奪し、用意の自動車で逃亡した。今日では、この事件は思想検察のスパイだった飯塚（スパイMこと村松）に指導された事件とされている。だが、当時はそのような事実はまったく知らされず、凶暴な共産党の仕業とのみ報道された。明治時代の「火付け・強盗・自由党」と同様のネガティブ・キャンペーンが行われ、共産党をはじめとする左翼陣営に大きな打撃を与えた。その大きさは、1972年の浅間山荘事件からリンチ殺人事件発覚に至る連合赤軍事件が、1960年代後半以降の新左翼運動に与えた甚大な影響に匹敵するに違いない。どちらも、日本の反体制運動が、ソ連共産党の秘密主義、一般市民を排除した閉鎖主義の影響から脱却できないことに起因したものだった。

小津が、この事件に影響を受けて、『非常線の女』を作ったことの証左に、彼と交遊が深く、1937年の映画『限りなき前進』では、原作を小津が提供した監督内田吐夢に、（1933年11月に）この共産党ギャング事件を題材とした映画『警察官』があることでも明らかだろう。

内田吐夢が新興キネマで作った映画『警察官』は、巡査の伊丹（小杉勇）が、久しぶりに会った中学の同級生富岡（中野英治）は職業不詳で、得体の知れない男になっている。伊丹の管内で銀行強盗が起き、彼は犯人が受けた傷から富岡が一味の一人であることを知る。そして、アジトへ向かう警察のオートバイ群れの深夜の疾走。背景は、完全にモダン都市東京で、近代化を進む東京の姿を見ることができる。そこで展開される最後のアメリカ映画的なアクション。全体に漲っている画面の緊張感は、作者たちが持っていた事件への関心の強さを現している。

『非常線の女』の最後、田中絹代は、情夫の岡譲二に向かって次のように言う。「私たち、もう一度最初からやり直そうよ」これは最後で改心する悪漢が良く言う台詞である。だが、それは、昭和の初期を文化的モダニストとして時代の最前線を走って来た小津が、共に政治的モダニズムの代表だった共産党の悪事暴露で、日本におけるモダニズムの限界を知り、最初からやり直そうと決意したということではないだろうか。

『非常線の女』の後、小津は、一転して「喜八もの」と言われる、坂本武が主人公の『出来ごころ』（1933年）、『母を恋わずや』、『浮草物語』（共に1934年）で下町の下層の男を描く作品に移行する。少々図式的に言えば、『非常線の女』などのインテリの世界から、庶民大衆の世界へ戻ったと言えるだろう。

だが一方では、この頃は社会にはまだ享楽的な傾向もあり、1933年の11月には、不良華族事件、翌年には賭博事件などが起きている。不良華族事件については、『断腸亭日乗』に「此の日の新聞に吉井伯と文士川口松太郎とに関する記事ありという」と書かれている。これはダンスホールフロリダのダンス教師と、作家吉井勇の妻ら上流の婦人たちが不純な交遊を重ねたというもので、警視庁の捜査を受けた。文士賭博事件は、日本に麻雀を広めた菊池寛らが賭博で検挙されたもので、荷風は1934年3月17日に苦々しく記述している。

此の日引きつづき賭博犯の嫌疑にて菊池寛其他文士数名及活動女優両3名警視庁へ呼出されしと云ふ。東京日日新聞は菊池寛金参萬圓の株主なるの故を以て拘引者人名の中に菊池の名を除きて掲載せざりしと云。新聞社の陋劣なること此の一事を以て其全班を推知すべし。

この時、古川ロッパも警視庁の取調をうけているが、『ロッパ昭和日記』には余裕たっぷりに書かれている。

午前八時宅へ警視庁の人が来て「麻雀のことで一寸」と言った由、新聞に菊池寛以下蒲田の女優連が麻雀賭博でアゲられると出てるからこの事であらうが、もう僕は時効ものと分かってるからいくら調べられても平気だ。……警視庁へ向ふ。いろ〳〵と調べられたが何しろ二三年以上前のことなので、「随分昔はやりましたが、役者になってからはキレイにやめました」と述べた。向こうは「ウソつけ」とか何とか言ったが結局時効で、問題にならず九時一五分釈放。

翌日、新聞には「時効で釈放」と出ていて、ロッパは「ま、大したこともないが、いくらか宣伝になるだろう」と加えている。

二年後の1936年2月26日には、陸軍の一部の青年将校によって「2・26事件」が起き、この時ロッパは、東京にいたが演劇の公演はなく、PCL砧撮影所で映画『歌う弥次喜多』の撮影中だった。反乱軍に驚いているが、2月29日になり、事件が平定され、元に戻ると次のように書いている。

今度のような騒乱は先ず一生に一度ぶつかるか何かといふ位、めったにない騒ぎであろう。それが二十九日午後四時頃、漸く鎮定し、丸の内辺の交通も復旧した、そしてその途端——六時過ぎから、丸の内・日比谷・地下等の映画館は興行を開始した、と、どし〳〵客が入っていくのである。これを見て丶、震災直後にも娯楽復興の早さには驚いたことだったが、如何に人間が娯楽を求めるものか〴〵うか〴〵へて感心した。革命後のロシヤを見る迄もない、日本人にも娯楽は必需品だ。

いつもながらロッパの観察は鋭く、この年の8月にはドイツのベルリンでオリンピック大会が開催され、1940年には東京でのオリンピック大会の開催が決定された。このベルリン五輪については、日本人選手の活躍もあり、ラジオ中継は、全国で人気が沸いた。

古川ロッパは、有楽座での古川緑波劇団の八月公演で、歌手の徳山璉を特別に迎えて、『歌う弥次喜多京大阪小唄道中』の他、佐藤邦夫・上山雅輔（詩人金子みすゞの実弟、戦後は劇団若草を作る）作の『東京オリムピック』を上演して、予想通りになったと自分の企画力を誇っている。

八月一日（土曜）　有楽座初日。十時起き。オリムピック四年後東京に開催とのニュース、新聞に出ている。丁度「東京オリムピック」を出したのはよかった。……初日、補助席ジャン〳〵出て、有楽座の初日としては未曽有なり。……「オリムピック」は徳山に東京開催の挨拶をさせ大うけ。

この時期、古川ロッパは何を出しても、どこに行っても大当たりで、東宝の演劇、映画のドル箱になっていた。この年の11月には、上山雅輔・佐伯孝夫の作詞、上野勝数の作曲、ロッパの唄で『東京オリムピック』をビクターから出しているが、この歌の雰囲気には戦時色は一切なく、この1936年頃までは、日本においてまだ西欧的な文化が存在する余地があったことがよくわかる。

東京オリムピック　光る空
街にゃ嬉しい応援歌
あれはマラソン孫選手
お顔見たさに駈けてゆく

銀座娘のハイヒール
紅の花散る応援歌
トランランラン　トランランラン　トランランランランラン

永井荷風もベルリン五輪のときの銀座の様子を『一日乗』に書いている。荷風はラジオが嫌いだったので、いく分迷惑気味である。

8月15日晴。秋風颯々たり。始めて法師蝉の声をきく。夜墨堤を歩む。言問橋西岸に花火の催しあり。看るもの織るが如し。此夜伯林オリンピックの放送十二時頃より十二時半に至る。銀座通りのカフェー及び喫茶店これがためにいづこも客多し。

さらにもう一つ、当時の日本でも西欧的な文化を志向していた層にとって、来る1940年の東京オリンピック開催が希望の印だったことを映画『花籠の歌』を見ることで明らかにしたい。

映画『花籠の歌』は、1937年正月の松竹映画で、田中絹代と佐野周二共演の五所平之助監督作品である。田中は、銀座のとんかつ屋の看板娘洋子で、大学生・小野進（佐野）と恋仲になり、二人が結婚して小野がとんかつ屋に入る人情劇。とんかつ屋の親父（河村黎吉）は、元外航客船のコックで洋食を、中国人コック（徳大寺伸）は中華料理を売り物にしている。その料理文化の混合ぶりが凄い。

最後に親父は「あと四年後だ。その時にはとんかつではなくスキヤキ屋をやるんだ」と。とんかつではなく、スキヤキ屋に代えるのは、より高級にしたいということだろうが、「あと四年」というのは明らかに１９４０年に開催予定だった東京オリンピックのことであり、その開催を待ち望む庶民も確実にいたのである。ここには、大学生の小野が、庶民のとんかつ屋の娘洋子と一緒になるという平等主義への願い、さらに娘（田中）に失恋した中国人コック（徳大寺）の心を皆で慰めるという五所の弱いものへの優しさも見られる。

だが、１９３７年７月７日、北京郊外の盧溝橋で日本軍と中国軍との軍事衝突が起きて日本と中国との全面戦争が始まり、８月には戦火は上海にも拡大し、日本軍は上海を爆撃し、その結果戦場は華中にまで広がることになる。日本軍は蒋介石の中国国民党軍を追って12月には首都南京を攻略して12月13日には占領してしまう。だが国民党は首都を重慶に移転し、依然として対日戦を継続する。

この時、小津安二郎は、すでに1937年8月25日に遺作となる映画『人情紙風船』の公開の日に召集された山中貞雄に続き、2か月後の9月に陸軍に応召して中国大陸に行く。この時「一寸《ちょっと》戦争に行ってきます」と松竹風に軽く言っているが、実際は過酷なものだった。

途中、江蘇省で山中に会ったり、佐野周二にも南京と漢口で再会したりするが、小津は主に南昌攻略戦に従事する。そしてこれは「日記」ですでに明らかになっているが、小津が所属したのは毒ガス部隊で、実際に南昌への渡河作戦では毒ガスを使用したことが叙述されている。

1939年1月6日　麦と兵隊でもそうだったが土と兵隊を読むともっと兵隊の心理的のものを出して欲しいと思ふ。これでハ通俗的な少年読み物の域を出ていないでハないか。兵隊が感じるものハ郷愁の程度だけれど、こんな簡単な兵隊ハこの部隊にハゐない。（『全日記小津安二郎』）

そして3月には、毒ガス弾（特種筒）を使用したことが出てくる。

3月20日（月）……風速一米三〇から五〇　一九時二十五分、特種筒放射の命令だ。三十分渡河の開始。四十八分にハ青い吊玉が対岸に上がる。この歴史的の敵前渡河も十八分で成功する。部隊ハ誰も異常はない。対岸のトーチカにハ未だ残敵がゐるらしく盛んに弾が来る。

さらに重要なのは戦地で志賀直哉の小説『暗夜行路』を読み非常に感銘を受けていることである。

4月9日（火）夕方から安義まで道普請。この二三日前から暗夜行路を読む。岩波文庫で、前編は二度目だったが、後編ハ始めてで激しいものに甚だうたれた。これハ何年にもないことだった。誠に感ず。

これら戦場での体験について、戦後小津は直接触れることは一切なかった。だが、この戦地での過酷な体験は、彼が1941年に一旦復員した時に監督した1941年の『戸田家の兄妹』、さらに1942年から1945年までの再度の南方への応召以後の戦後の作品に大きな影響を残していることは明らかである。1941年3月の『戸田家の兄妹』については、古川ロッパは公開時に見て大絶賛している。

> 大劇迄歩き、『戸田家の兄妹』を見た。その前に見たくもない「戦陣訓」実演と映画と二つを見せられ、うんざりしたが大船映画小津安二郎の『戸田家の兄妹』は大いに感心、トーキー創まっての傑作と思った。時間迫れど出る気にならず、しまい迄見て、時間キチ〳〵に、地下鉄出《ママ》かけつけた。……今日は『戸田家の兄妹』に感激し、一座の青年部に見学させることにする。（古川ロッパ『ロッパ昭和日記・戦前篇』）

小津映画で興行的に最大の成功を収めたのが、中国での兵役を終了し、帰還して撮った1941年の『戸田家の兄妹』であることは象徴的である。

言わば、日本は近代の総力戦に向かうための総力体制として、1938年の「国家総動員法」制定以後の、経済社会の再編成と総動員の中で、すべての国民を生産に動員しようとした。それによって政治や経済が、それまでの一部の階級のものではなく日本国民全員のものになった。その時に、経済的激変の中で、没落する上流の家にあって、佐分利信、高峰三枝子の兄妹だけが、普通の家の娘桑野通子と中国に行くことによって幸福を掴むというのは、まさしく時勢に沿った、国民的に慶賀すべき物語だったからである。

『戸田家の兄妹』は、小津と池田忠雄の共同脚本で、戸田進太郎（藤野秀夫）という麹町に豪壮な屋敷を持つ財界人一家の話である。妻（葛城文子）の還暦の祝いがあり、一家全員で記念写真を庭園で撮影し、料亭で食事をして夫妻が家に戻ると、68歳の戸田は心筋梗塞で急死してしまう。すると巨額の借財があることが分かり、家屋敷、美術品等の財産を処分して、母親と三女節子（高峰三枝子）は、長男・進一郎（斎藤達雄）の家に住むことになる。田園調布の家では、斎藤の妻和子（三宅邦子）の洋風で贅沢な暮らしに二人は肌が合わず、家を出る。長女千鶴（吉川満子）の家に行くと、節子が「外で働きたい」と言ったことから、そこにも居られない。ついには鵠沼の別荘に、母親と節子と九官鳥、そして万年青《おもと》の鉢植、さらに家付き女中の

『戸田家の兄妹』

きよ（飯田蝶子）の三人で住むこととなり、一年が過ぎる。

一周忌法要に、天津に行っていた次男昌二郎（佐分利信）が戻ってくる。彼は、鉢洗いの席で、長男進一郎、長女千鶴、さらに事態を傍観していた次女綾子（坪内美子）らの、母と妹への仕打ちについて激しく詰り、兄姉らをやり込めてしまう。鵠沼の家に来た昌二郎は、節子の同級生で、普通の家庭の娘時子（桑野通子）と結婚することになり、五人全員で天津に行き、新たな生活を始めることを決意する。


ロッパが小津作品のどこに感激したのかは分からないが、富裕なブルジョワの贅沢でろくに働かないで暮らす生活を否定し、人並に額に汗して暮らす生活が大事で、これからの日本の行く道だとした、この映画の主題に共鳴したのは間違いない。

戸主の死によって富裕な家が急に傾き、転落してしまうのは、戦前の日本にはよく見られたことで、当時は現在の日本と異なり、ほとんど「レッセ・フェール」の、自由主義経済体制だったからだ。そこでは今日のような社会保障は一切なく、人々も江戸時代以来の「宵越しの銭はもたない」的な感覚だったので、収入がなくなると途端に窮乏することがあったのだ。

それが急激に変わるのが、１９３８年の「国家総動員法」成立以後の「新体制」で、経済の統制化が進行し、自由主義経済から、総力戦に備えた統制経済体制に変わっていく。この変化を象徴するのが、１９４０年一月成立の第二次近衛内閣の商工大臣に就任した阪急グループの指導者で自由主義経済の小林一三が、次官で統制主義経済の革新官僚岸信介と激しく対立し、１９４１年4月に共に辞職した事件だった。

この小津作品が、この時に作られているのは非常に興味深いことである。昌二郎が、中国での新しい生活の良さを語り、母親、節子、きよらがそれへの希望を抱くのは、小津の時勢への阿りも感じないわけではない。だが、それよりも重要なことは、この葛城と高峰が演じる居所のなくなった母と娘が、肉親の間をたらい回しされる筋書きである。これを老夫婦に置きかえれば、１９５５年の『東京物語』になることは、容易に気づくことだろう。言いかえれば、この時期に、小津はすでに近代の日本の社会での家族の崩壊の兆候を感じていたということに留意しておく必要がある。

8　「太陽族映画」の時代

　ここで『東京暮色』に戻ろう。『東京暮色』で小津が否定した太陽族と太陽族映画とは、どのようなものだったのだろうか。

　1953年に大映が若尾文子と南田洋子の共演で性典映画『十代の性典』『続・十代の性典』を作りヒットさせており、日本映画では、次第にセックスを扱った作品が出現していた。今見ると、両作品とも、題名の割には煽情性はきわめて薄く、女学生の胸の谷間や白い下着がチラッと見える程度である。

　1955年、雑誌『文学界』7月号に石原慎太郎の小説『太陽の季節』が掲載され、翌1956年春、芥川賞を受賞し、3月には単行本が出され、5月には日活で映画化されて話題になる。この古川卓巳の映画は、彼が大映出身の監督だったので、従来の文芸映画の枠内でおずおずと性的表現を行っていて、原作小説の持つ風俗的な新しさは全く表現されていなかったが話題となる。さらに、７月には同じ石原自身の原作・脚本、中平康の監督で『狂った果実』が公開され、これには石原慎太郎の弟で、『太陽の季節』の主人公のモデルと言われた石原裕次郎が主演して大ヒットになった。すでに６月には、大映が石原慎太郎の小説『処刑の部屋』を市川崑監督で映画化しており、このときには、全国の婦人団体から強い反対と抗議の運動があり、太陽族映画は社会問題化していた。『狂った果実』と『処刑の部屋』は、いわゆる太陽族と言われる連中を皮肉に見て、むしろ冷笑的に描いたものだったが、従来の性的意識から見れば、それでも大変に不道徳な描写とみなされたのである。だが、問題はなぜ、この時期に太陽族映画と言われる作品が観客に受け入れられ大ヒットしたかである。１９３９年12月に松竹大船撮影所に入り、１９５４年の製作再開の際日活に移籍し、監督陣の編成にも関与した「監督課長」的立場にあった西河克己は、次のように言っている。

それまでの日本的リアリティというふうなものに、映画自体が拘束されていたけれど、ちょうど映画の観客が戦後派になっているんです。……その人たちというのは、社会でたいへん裏切られた人ですからねえ、特攻隊を志願して、もう国のために死ぬつもりで本気になってみんなやったら、とんでもないことに、おまえたちは馬鹿だといわれるようなことになった。……理由なき反抗っていうのが、裕次郎の持ち味ですね。ということは、旧秩序に対する反抗心、何でも古いもの、戦前のものを壊したいという衝動みたいなものがあって、それが一番受けたんだという気がしますね。気がつかないのは、映画作っている年寄ばかりであって、観客はもう、新しい時代に替っていたということですね。

自分自身が孤児で、戦中、戦後を経て、戦後は戦災孤児の収容施設の職員となり、後には著書『お菓子放浪記』がテレビと映画でドラマ化され、それ以前にも自身の施設での体験記が１９５２年に東宝で『不良少年』に、さらに１９６０年に日活で『ヤクザ先生』として石原裕次郎主演映画の原作にもなった作家の西村滋は、１９５５年頃、施設にいた少年から次のように言われたことがあるそうだ。

戦後の青春の主役はオレたちだと思っていたんだけれど、……まぁ、頭は良くないかもしれないが、少なくとも平和の意味だけは体で知っているわけだから……でも、そうじゃなくなってきたみたいだな、いまは太陽族が新しい青春なんだそうですよ。海、ヨット、セックス、スポーツカー……。（西村滋『雨にも負けて風にも負けて』）

だが、非常に興味深いことに古川ロッパは、石原裕次郎について、日記で絶賛している。

1956年8月29日……「オール小説」に、川口浩と石原裕次郎、太陽族スターの対談あり、この二人の立派さにおどろく。二人とも本当の太陽族で、いやはや、立派なり。（古川ロッパ『ロッパ昭和日記・晩年篇』）

さらに1958年3月には石原裕次郎主演の映画を見て大変感心している。

それから富士館で、中村と二人、石原裕次郎の「明日は明日の風が吹く」といふのを見て、面白くて満足。三橋もデン助も、石原裕次郎の前にはスッとんだ。これを出ると、新東宝の千代田館があって、「水戸黄門」をやってゐる、これは惨たる入りなり。

劇団の伊藤寿二の案内で浅草の興行状況を見廻った際のもので、中村竜三郎は新東宝の時代劇スターで『水戸黄門』でロッパと共演していた。三橋は民謡歌手・三橋美智也、デン助は、浅草で人気のあったデン助劇団の大宮敏光だが、誰も石原裕次郎に全く敵わないとし、自分が出ている『水戸黄門』（監督中川信夫）も冷笑しているのが、おかしい。無責任と言うか、人気の凋落でどうでも良くなっていたのか。ちなみに石原裕次郎の口癖で有名になった「イカす」も、元は戦前に古川ロッパが流行らした言葉であり、そうした都会の若者の共通性も、ロッパは石原裕次郎に見出していたのかもしれない。

西河克己は、1954年の日活の製作再開に際し、戦前の日活にいたこともあり、新たに日活製作部長になった山根啓司から、監督部の編成を相談される。西河は山根の意向もあり、松竹大船から若手の優秀な助監督を引抜いてくる。彼は、1948年以前に入社していた助監督たちは除外し、それ以降の助監督のグループに接触し、日活への入社を呼びかけた。その結果、中平康、齋藤武市、鈴木清太郎（清順）、今村昌平ら八人の助監督が日活に移籍した。さらに松竹京都からは神代辰巳や蔵原惟繕、新東宝からは井上梅次や舛田利雄、大映からも古川卓己や牛原陽一らが来て監督部の陣容ができる。

日活は、1954年6月27日時代劇『国定忠治』と現代劇のメロドラマ『かくて夢あり』の二作品を公開した。この時代劇の監督は滝澤英輔、メロドラマは千葉泰樹で、共に戦前に日活にいたこともあり、戦前の日活のように、チャンバラ時代劇と現代劇の文芸ドラマを中心にする構想だった。さらに内田吐夢、田坂具隆、市川崑、川島雄三らのベテラン監督を各社から招いた。だが、これらの監督による大作は、山村聡監督の下山事件を題材とした話題作『黒い潮』、竹山道雄のベストセラー小説の映画化で市川崑監督の『ビルマの竪琴』を除けば、ほとんどヒットしなかった。だが、1956年春に芥川賞を取って話題となっていた石原慎太郎原作の『太陽の季節』を公開すると大ヒットになり、以後石原慎太郎の実弟石原裕次郎主演の「性的な」青春映画を続々と若い監督で作っていくことになる。その最初が松竹大船の助監督から日活に移籍した中平康監督の『狂った果実』だった。彼は1948年に大船に入って以降、木下恵介、原研吉、渋谷実、黒澤明、川島雄三らの助監督を務め、小津の助監督はしていないが、木下、原、渋谷らは小津の弟子であり、また中平の才能は大船でも有名だったので、当然小津も、中平の作品を注目していた。小津と脚本家・野田高梧との蓼科の別荘での共同日記である『蓼科日記』では、次のように書かれている。

（1956年）8月6日　晴……小津君、静子、玲子と四人で上諏訪に行く。何か面白い映画でもあれば見て、おび川でウナギを食おうといふ計画なりしも、映画は「賄賂」「この世の花」「獄門帳」などにて（「狂った果実」は一五日より）興味なく、城跡前の道具屋、中島、松月堂などを廻る。（小津安二郎・野田高梧『蓼科日記』）

この後、野田たちは8月29日まで蓼科に滞在したが、小津は溝口健二の見舞に京都へ行く。8月9日以降の記録がないので、『狂った果実』を見たかどうかは不明。その後、9月上旬に小津と野田は再び蓼科に上り、次回作（『東京暮色』）の構想を練り、9月7日には、その構想について書いている。

9月7日晴　夜、食後小津君、北川君に電話するため二人で萬葉堂に出かける。九時といふに萬葉堂は既に戸をしめ、一久、蓼科アイスまた灯を消して声なし。懐中電灯の光をたよりに石ころ道を歩みつつ『東京暮色』といふ題名はどうかといふ話になり、忽ち決定、つづいて話の梗概も浮かび、帰荘就床、一気に概略の綾と場面、人物の輪郭などほぼ決まる。やっぱり、今日までに孕んで来たものが忽ち一つに纒まったのだといふべく、ただぼんやり遊んでゐたのではなし。

萬葉堂は、小津が贔屓の美術商で小津作品の室内の小物を手配していた。小津と野田の二人が、山中の夜道を歩みつつ、映画『東京暮色』を構想したと言うのは、作品の暗さを暗示しているようにも思える。中平康などが盛んに作っていた日活の「太陽族映画」に対して、『東京暮色』は、それらへの小津の回答だった。「太陽族のような風俗は、戦後急に出て来たものではなく、戦前からあったんだよ、今更新しがるな」というのが、映画『東京暮色』の主題だと私は思うのである。

さらに、『全日記小津安二郎』の1956年8月には次の記述がある。

8月20日（月）　溝口悪しとの電報　大映永田社長よりくる
出京　清水をさがす　北川　村上と　おかめにゆく
22日（水）　溝口見舞　のち大映にゆく　夕方伊藤　清水と大市にゆく
24日（金）　一時五十五分　溝口逝去の報　清水より電話あり

（小津安二郎『全日記小津安二郎』）

清水は、監督の清水宏、伊藤は伊藤大輔、村上とは、当時小津の愛人だった村上茂子のことだと思われ、いずれにしても、戦後も十年以上が過ぎ、戦前派の監督も次第に減りつつあった。たしかに、『経済白書』はこの年7月には「もはや戦後ではない」と宣言しており、新しい世代が戦前の封建的な道徳とは異なる生き方の人間像を作り出していた。それは戦勝国アメリカの文化、思想や性的道徳に強く影響を受けたものだったが、小津に言わせれば、そうしたアメリカニズムは、実は戦後急に輸入されたものではなく、戦前にすでに存在し、自分たちが謳歌したものだった。

少し後のことになるが、1950年代末に松竹大船撮影所の不振の中で、打開策として大島渚、篠田正浩、吉田喜重といった若手監督が起用され、松竹ヌーベル・バーグと言われた。これは前にも書いたが、その頃、小津は「俺だってな、昔はヌーベル・バーグだったんだぞ」と病床で言ったという（高橋治『絢爛たる影絵』）。

そのとおりで、サイレント時代、新派悲劇とメロドラマが主流の松竹蒲田撮影所にあって、小津安二郎は、主に坂本武、飯田蝶子、笠智衆といった脇役たちを使い、小市民を主人公とした日常的な題材で、リアルで現実への批判に満ちた作品を作っていた。それは巨匠とスターが作る、大げさな演技、ご都合主義の物語とは正反対のもので、小津がそれを誇りとしていたことも事実である。

さらに、付記しておけば、こうした1950年代に、日本で起きた「太陽族」や松竹ヌーベル・バーグは、日本だけのことではない。現在からみれば、この動きは、ゴダールやトリュフォーなどフランスの本家ヌーベル・バーグ、トニー・リチャードソンやカレル・ライスらのイギリスのニュー・シネマ、さらに社会主義国ポーランドのワイダ、ムンクらの、世界的な新しい映画と同様の傾向だったと見ることもできる。

それは、石原慎太郎がよく自慢げに言う「俺の『狂った果実』を見て、フランスの連中はヌーベル・バーグを始めた」という言葉の本当の意味を考えることでもある。それは石原の先見性を示すものではなく、「同時代性のなせる業《わざ》」というべきもので、日本やフランスなどの世界中の国の若手に、共通する同時代的なテーマと表現方法が現れていたことに他ならない。

その共通性とは、第一には西河克己が言ったような、この世代が受けた戦争の負の体験である。第二には、圧倒的なアメリカ文化、特に音楽（ジャズとポピュラー音楽）やアクション映画やハードボイルド小説など、アメリカの大衆文化である。ジェームス・ディーンの出現と早世の後には、世界中に「どこそこのジェームス・ディーン」が生まれ、彼らが日本の赤木圭一郎の事故死のように、夭折すると、世界中のそれぞれ国の若者が涙したのである。

そして、これは後には、イギリスのビートルズ、アメリカのロック、さらにブラジルのボサ・ノーヴァと世界的に新しいポピュラー音楽を生み出すことにもなっていくのである。

9　小津の悔恨とはなにか　『東京暮色』以後の軌跡

映画『東京暮色』の評価の低さにも関わらず、というか、それゆえにというべきか、意外にも小津は、粘り強く自己のモチーフを繰り返していく。以後の作品の中にも必ず戦後派の男女を配置し、戦前派と戦後派との関わりを時代のなかで描いている。

『彼岸花』　1958年

『東京暮色』の次は、小津の最初のカラー映画『彼岸花』である。これは、平山渉（佐分利信）が、長女節子（有馬稲子）を嫁がせる話。冒頭の結婚披露宴で渉が挨拶するのだが、花嫁の父河合利彦（中村伸郎）と共通の友人三上周吉（笠智衆）が、披露宴に欠席のことを心配している。理由は、三上の娘の文子（久我美子）が、家を出て男と同棲しているためで、この周吉（笠）と文子（久我）の関係は、明らかに『東京暮色』における周吉（笠）

と明子（有馬稲子）である。言わばこの作品は、自殺せずに生きた明子が、その後どうなったのか、父と娘は許しあえるのかという『東京暮色』の応用問題である。この作品が、『東京暮色』の続きである印は、周吉に頼まれて、渉（佐分利）が文子と相手の長沼一郎（渡辺文雄）の三人で会う中華料理屋の名が「珍珍軒」であることにも表れている。これは『東京暮色』で、明子の死の直前に、不甲斐ない恋人木村（田浦正巳）の頬を打った店である。もともとは、蒲田にあった中華料理屋の名らしい。
渉は、長沼が今はキャバレーでピアノを弾いているが、まじめな音楽家であることに安堵し、周吉にその旨を告

『彼岸花』

げる。すると、渉の会社に突然谷口正彦（佐田啓二）が現れ、長女節子と結婚したいと言う。「藪から棒に……」と呆れ、同意できない渉に、谷口は「急に転勤になったので来た」と言い、渉はますます不快になる。家に戻った渉は、節子に聞く。「あの男とは肉体関係はないのか」もちろん、節子は否定し、事情を説明するが渉は頑固に聞き入れない。この

谷口の広島への転勤は、戦前に脚本化したが検閲不許可で映画化できず、戦後に脚本を修正して映画化した小津の『お茶漬の味』の主人公の外地への出征と転勤を想起させる。最後は、しぶしぶだが結婚式に出る渉。

その時の、妻清子（田中絹代）、長女節子（有馬稲子）、次女久子（桑野みゆき）の家族全員のうれしさにあふれた幸福さ。それは現在から考えれば、この1958年は、日本映画が最高の興行実績を上げた年であり、日本映画界の幸福の絶頂を象徴しているともいえる。また、長女・節子に背かれるとは思わず、当初は谷口との結婚に強く反対するが、最後は認める渉は、太陽族映画以後、日活の若手のスタッフや俳優連中は映画界を騒がせたが、それが逆に映画界を活性化させ、それなりの実績を上げて来た若手の監督連との「和解」として、小津も認めはじめたことを意味しているとも思える。

日活の石原裕次郎主演『狂った果実』の監督中平康は、松竹大船からの移籍組だったことはすでに書いた。さらに、小林旭主演の「渡り鳥シリーズ」を大ヒットさせていた監督の齋藤武市は、小津のセカンド助監督を務めており、田中絹代が1955年に日活で『月は上りぬ』を監督した時、田中絹代の有力なサポート役として小津から遣わされたチーフ助監督で、さらにカメラマンの高村倉太郎は、大船出身の技術者だった。時代の勝利者になる日活は、松竹によって作られていたのである。

『お早よう』は、おならをメインのギャグとした軽い喜劇で、ここに戦後派の問題があるのか、と思われるだろうが、ここでも小津はしっかりと戦後派の連中の姿を捉え、また前世代との対立を描いている。東京蒲田、多摩川の土手下の住宅地で1956年の『早春』と同じエリアで劇は展開される。戦後の小津作品の、庶民映画の下町ものの舞台が、『長屋紳士録』と『風の中の牝雞』以外は、戦前のように北部の千住付近ではなく、蒲田周辺に変わったのは興味深いことだ。小津は戦後、東京の下町を背景に作品を作らなくなった理由として次のように言っている。

『お早よう』 1959年

そういう場所に住む人に、昔ほどは愛情をもてなくなってきたのです。昔はそこの人たちがこんなに不人情ではなかったし、たとえば、自分たちの軒の前に朝顔の花でも咲かせて、というようなきれいな考えももっていたのだけれど、近頃は、ゴミをちらかっしぱなしでいたり、どうも生活の程度が低くなったというか、とにかく愛すべき一面が、昔ほど

眼にとまらなくなったのです。（「映画への愛に生きて」『映画新潮』1951年）

これを戦後の生活苦を理解していないと批判するのは簡単だが、逆に言えば、戦前の小津作品に出て来た、飯田蝶子や坂本武が演じた心優しい庶民も、実は小津の幻想ではないかとも思えてくる。

これは、ちょうど家庭にテレビが入ってきた頃の喜劇で、住宅地では異分子的な戦後派としてのダンサー（泉京子）とバンドマン（大泉滉）の若夫婦がテレビを持っていて、各家の子供たちは皆集まって、その部屋にテレビを見に行っている。主人公の林実（設楽幸嗣）と弟勇（島津雅彦）の家では、父の敬太郎（笠智衆）と母親民子（三宅邦子）が「勉強しなくなるから」とテレビを買ってくれない。テレビは、家庭の秩序を壊す異分子の象徴であり、戦後派の夫婦だけが持っている。敬太郎の義妹有田節子（久我美子）と別のアパートに住む独身の福井平一郎（佐田啓二）は恋仲だが、福井は外国語の翻訳をやっていて、彼の姉の加代子（沢村貞

『お早よう』

子）は外車のセールスをやっている。ここでも、外国的なものと日本的なものとの対立がある。最後は子供たちの強い願いを聞きいれて、敬太郎が、定年退職後電気店の営業になった福沢汎（東野英治郎）からテレビを安く買うことで、子供たちと和解し、かろうじて異分子・テレビとの妥協が成立するのである。

『浮草』1959年

映画『浮草』は、1959年に大映で作られた。小津が大映で監督をしたのは、一般的には山本富士子が『彼岸花』に出たことの代償のように言われているが、大映の松山英夫によれば、山本とのバーターは有馬稲子で、大映はすでに三年前から小津の招聘をすすめていたのだという。その理由は、1954年に田中絹代が日活で『月は上りぬ』を監督することになった時、小津の脚本、しかも小津が理事長の日本映画監督協会の企画で、このように小津が深く関わっていたことが原因だった。邦画五社は、1954年6月の日活の製作再開に先んじて1953年7月に「五社協定」を結んでおり、田中の監督は協定違反に抵触したとのことで、小津もこの責任を取って、契約切れの松竹と、再契約を結ばず一旦はフリーになっていたからである。大映は、フリーの小津に触手を伸ばしていたわけだが、その後小津は松竹と再契約して、大映の野望は潰えたものの、小津作品は残ったということである。

小津は、1956年の『早春』の後、松竹で作る予定で、当初は『大根役者』の題で、戦前の1934年に小津が作った『浮草物語』の改作として、野田とのシナリオハンティングもし、配役も進藤英太郎（中村鴈治郎）、淡島千景（京マチ子）、有馬稲子（若尾文子）、田浦正巳（川口浩）、山田五十鈴（杉村春子）という構想がきちんとできていたという。それが、大映で作ることになり、主役の座長が中村鴈治郎という大看板になったので、昔の映画をもじった『浮草』になった。もし、この進藤英太郎以下で作られたら、かなりリアルな作品になったはずだが、現存版は、さすが中村鴈治郎なので、非常に喜劇味のある映画になっている。

紀伊半島の小さな島に船で旅芸人の嵐駒十郎一座がやってくる。その夜からの公演のため、一座の者が村を練り歩く様子を宮川一夫の大俯瞰のカメラが捉えているが、戦後の小津作品では最大の俯瞰の画面だろう。一座の役者の吉之助（三井弘治）や矢太蔵（田中春男）、仙太郎（潮万太郎）らは、女のいる店や床屋に行って口説く女を探し始める。一方、座長の駒十郎はお芳（杉村春子）の飯屋に行く。彼女とは昔からの付き合いで、お芳には

『浮草』

郵便局に勤務する息子清（川口浩）がいて、その母子に会うために、駒十郎は、わざわざ客の入らない土地に来たのである。一座には、座長の女・京すみ子（京マチ子）、若い娘役・加代（若尾文子）がいる。すみ子が演じるのは、『国定忠治』で、タイトルには上田吉二郎指導とあり、新国劇出身の上田指導の極め付け「赤城山」の場面が演じられる。この女優による剣劇は、当時流行していた大江美智子、浅香光代、不二洋子らの女剣劇の趣向が感じられる。さらに、ペギー葉山のヒット曲による若尾文子の舞踊もあり、この曲は何度も鼻歌でも出てくる。それは小津の推めもあり日活に移籍した齋藤武市が『南国土佐を後にして』の後、小林旭の「渡り鳥シリーズ」で大ヒットさせていたことへの賛辞にちがいない。清がお芳母子に会うために島に来たことを知ったすみ子は、加代に清を誘惑させる。二人は恋仲になり、清は貯金を下ろして加代と駆落ちしてしまう。その頃、ついに連日不入りの一座では、先乗りの男も逃げ、吉之助も金を盗んでドロンしてしまい、ここで一座は解散になる。いったんは、お芳と一緒に暮らそうと思った駒十郎だが、やはり旅に出ることになり、すみ子も一緒に汽車で出ていく。加代は、清と村で一緒になることを示唆して終わる。

この作品の興味深いところは、時代設定がよく分からないことである。待合所に貼ってある映画館のポスターは『大菩薩峠』『女と海賊』などで、一応当時のものである。だが、一座の三人組の言動、曖昧屋の女たち（桜むつ子や賀原夏子）の着物やシュミーズ姿、店の色彩ガラスの感じなどは、到底戦後のものとは思えず、戦前の雰囲気である。また、清が駒十郎と岸壁で釣りをする時、そこに置いてあるのは、戦前の小津好みのＭＪＢの緑色のコーヒー缶である。ともかく、この旅芸人たちののんきさは、世知辛い世になったはずの戦後社会のものとは到底思えない。芝居がない日の午前中に三人組は砂浜で海水浴をするのだが、実はこれを撮影したのは小津ゆかりの地茅ヶ崎海岸であるそうだ。当時すでに石原慎太郎、石原裕次郎の太陽族が跋扈していたはずなのだが、そうした現実とは全く無関係である。更に、加代と清が村で所帯を持つというのも、どうも釈然としない。だから、これは一種のメルヘン的な世界だとも思えてくる。ただ、宮川一夫と小津のカラー画面の設計は誠に見事で、日本映画史に残る美しさ、職人芸の極地とも言えるだろう。

『秋刀魚の味』1962年

小津の遺作となってしまった作品だが、彼自身はこれが最後となるとは思っておらず、次回作として『大根と人参』を考え、野田高梧と一緒に脚本を書く予定だったが、途中で体を壊し、検査の結果、癌であることがわかり、手術するが完治せず、全身の痛みに苛まれつつ、1963年12月12日の誕生日の日に死ぬ。ちょうど60歳だった。

『秋刀魚の味』

この映画は、父親平山周平（笠智衆）が、だいぶ前に亡くなった妻に代わって家事をやらせている24歳の路子（岩下志麻）を、いかにして結婚させるかという物語である。その意味では『晩春』『秋日和』『彼岸花』と同趣旨のドラマであるが、ここには『晩春』のような潜在的な性的葛藤や、『秋日和』や『彼岸花』のような戦後世代との「対立」もほとんどない。あるのは、周平（笠智衆）、河合秀三（中村伸郎）、堀江晋（北竜二）ら中学の同級生と、恩師で退職後は中華料理屋（映画ではチャンソバヤ）をやっている佐久間清太郎（東野英治郎）、伴子（杉村春子）親子の現在の姿への思いである。二人の現状を見て、周平は路子の結婚を急ぎ、最後は無事結婚することになる。ここでも結婚相手は不明である。

この映画については、私は最初に見たときから、かなりの違和感を感じていた。それは劇の重要なファクターになる、恩師佐久間が、退職後に中華料理屋を開業し、そのために娘の伴子の婚期を逃したという筋書きにである。周平らが出た中学が公立か私立かは不明だが、戦後には、すでに私立学校にも年金制度はあり、また退職金もそれなりの金額が出たはずなので、さらに料理店を出して稼ぐ必要はないはずだからである。そうなるとこの劇は成立しないので、私は「これはおかしい」とずっと思っていた。

だが、サイレント時代の小津の1931年の作品『東京の合唱《こーらす》』を見て謎がとけた。『東京の合唱』は、学校をクビになった教師岡島伸二（岡田時彦）が、不況下で、いろいろ職を探すが見つからず、ついには自分で洋食屋（カレーライス屋）を出し、それを知った教え子たちが店に来て、岡島の転職を合唱で祝うと言う筋書である。要は、『秋刀魚の味』は、『東京の合唱』のリメイクであり、脚本も同じ野田高梧と小津によるものだった。昭和初期の1931年なら、年金等の社会保障制度はきわめて不備だったので、職を失えば、すぐに報酬を得る手段はなくなり、その結果自分で店を出すことも仕方なかっただろう。だが、1960年代は、退職金も年金もあったはずなのだから、この佐久間（東野英治郎）の出店は必要ないはずなのである。要は、戦後の社会保障制度の改革で退職者の生活は根本的に改善されていたのだが、小津らはそれを見落としていたのである。時代とは相当にズレていたことの結果というべきだろう。

ここには戦後派と戦前派の対立は見られない。あえて言えば、路子の兄幸一（佐田啓二）の会社の同僚三浦（吉田輝男）を路子は好きだったが、三浦にはすでに決まった相手がいると知って、あっさりと三浦のことを諦めるドライさに戦後世代の軽さが表現されている。また、次男の和夫（三上真一郎）が好きな女のことを美人でも恰好良くもないが可愛いと言う現実主義も上手く点描されている。

『東京の合唱』

『月は上りぬ』の小津安二郎

『月は上りぬ』（「つきはのぼりぬ」で、「つきはあがりぬ」ではいやらしく聞こえるとのこと）は田中絹代が1955年に日活で監督した作品で、小津安二郎と斎藤良輔の共同脚本だが、きわめて小津色が強い。また、小津の指示により、チーフ助監督を松竹で小津作品のセカンド助監督だった齋藤武市がやったので、カットの繋ぎ方もきわめて小津的である。さらに音楽も小津作品の斎藤高順なので、ほとんど小津映画を見ているような気がしてくる。作品歴としては、『東京物語』と『早春』の間で、この製作には日活と五社協定、さらに日本映画監督協会と溝口健二の「口出し」などの諸問題が絡み、非常に時間がかかったので、小津自身の作品は二年間空いてしまうのである。この次が『東京暮色』だが、『東京暮色』の失敗で、小津は同時代、若い世代を描くのをやめ、『彼岸花』でまた元の安定した世界に戻ってしまう。

奈良に住む浅井茂吉（笠智衆）と三人の娘、千鶴（山根寿子）、綾子（杉葉子）、節子（北原三枝）の話で、ここでも茂吉の妻は亡くなっていて、長女千鶴も夫を病気で失っている。千鶴の亡夫の弟で、失業して茂吉の家の近くの寺に間借りしている安井昌二（安井昌二）のところに、友人の無線技師・雨宮渉（三島耕）が仕事で来る。茂吉は、戦前は東京麹町にいて、鵠沼にも別荘を持ち、そこには、学生の雨宮、安井らがサロンのように遊びに来ていた。節子は、その頃の華やかな生活を思い出し、何とか東京に行きたいと願っている。この辺は、戦前の小津安二郎映画が、モダン都市東京を舞台としたモダニズムであったこ

『月は上りぬ』

とを想起させる。だが、茂吉は、そうしたモダニズムには今は興味を失い、奈良、そして関西の伝統的風土に引かれている。

節子が、雨宮と綾子の間を取りまとめようと様々に画策するのが映画の中心であり、電報をやり取りするあたりがいかにも古風であるが、二人は無事結ばれる。近代性を求める、モダニズムの象徴が節子（その容姿は当時の日本映画の女優では群を抜いて西欧的だった）である。だが、その節子も今度は自分と安井のこととなると、途端に本心が言えず、もたもたするが、最後はこのカップルも結ばれて東京に行く。

さて、この節子の性格だが、なかなか上手く北原を捉えている。先端的に見えて、実は保守的なところもある節子の資質によく合った役になっている。そう考えると、『早春』の性的に放縦な岸惠子、そして問題の『東京暮色』の死んでしまう有馬稲子など、小津作品の脚本はいつも具体的な役者への「当て書き」だが、実に上手く役者の本質を突いて書いていると改めて感心する。有馬は、当時の日本の女優の中で最も危険な進歩的な存在だったのだろう、小津は有馬を無情にも作品中で殺してしまう。まるで、夫周吉（笠智衆）を捨てて、別の男に走った喜久子（山田五十鈴）に象徴される戦前の日本のモダニズムと性的不道徳性が、戦後社会の混乱の根源だと言うように。

だが、また別の見方をすれば、これは戦前の『戸田家の兄妹』の続編であり、失われた戦前の東京への挽歌だともいえる。昭和18年以降東京麹町から奈良に引きこもって来た茂吉（笠）は、三人の娘、千鶴（山根）、綾子（杉）、節子（北原）と暮らしている。そして、未亡人の千鶴と独身の綾子は明らかに『東京物語』の紀子（原節子）に当たると言える。戦前に茂吉の家で、死んだ息子の友人の一人として鵠沼の別荘に来ていた雨宮（三島）が千鶴の亡夫の弟・安井のところにやって来て、綾子と再会する。安井も、奈良の近くの寺で逼塞していたのである。彼や友人の田中豊（増田順二）は、語学の達人らしいが、戦後の波に乗れず失業している。この没落したインテリは、『東京暮色』の孝子（原節子）の夫の康雄（信欣三）になるわけだ。

この綾子と雨宮を一緒にさせようと節子と安井が奔走するのが映画の筋で、その「手先」になるのが、女中の米や（田中絹代）と文や（小田切みき）というのが面白い。戦前も恋の仲介者には、女中や書生が使われたもので、『源氏物語』で言えば、光源氏の小者の惟光であり、こういう人間がいなくなった現在は恋の成立が難しいものとなる。さて、小津はここでも、男女の関係は本人たちよりも周囲の人間の力が必要だと言っていて、それは大変に正しいことだと思う。だが、この映画で非常におかしなところは、最後に安井と節子が結ばれる時の安井の台詞にある。安井は「結婚したら、大人しく俺に従うんだぞ」と言う。これは当時の風潮としても、かなりおかしな台詞であり、今見ても大変に違和感を覚える。だが、これは元の脚本が、１９４８年に小津によって書かれたことから来ている。

小津安二郎の悔恨とは、すでに25頁で書いたように、戦後の日本社会の混乱を作り出した戦前の自分への自己批判だった。そして『東京暮色』の題名を思いつき、脚本ができたのは、溝口健二の死の直後だった（１１０頁）。小津が「自分にはできない映画」として溝口の１９３６年の『祇園の姉妹』と成瀬巳喜男の１９５５年の『浮雲』をあげていたのは有名である。前者は昭和初期の反映に翻弄される愚かな女（『東京暮色』の山田五十鈴の若き姿）であり、後者も戦中、戦後を不道徳に生きる高峰秀子である。『東京暮色』は、小津なりの戦前、戦中、戦後を生きてきた女を描いた作品であり、小津版の『浮雲』なのである。

10　『東京暮色』の喜久子という女性

映画『東京暮色』では、喜久子（山田五十鈴）についてまったく説明はないが、五反田の雀荘での彼女の髪形が短髪なのが目を引く。脚本家・廣澤榮の『黒髪と化粧の昭和史』によれば、昭和初期のモダン・ガールの意味は、自由と権利が一切ない男子専制の社会からの女性の反逆であり、大正時代の青鞜、次が社会主義運動、そして「モダン・ガール」であると清沢冽の女性論を紹介し、さらに評論家で自身もモガだった三宅艶子も「流行を作るのがモダン・ガール」だとし、その髪型の典型は、短髪（ボブ・ヘアー）だとしている。

この喜久子は、杉山周吉（笠智衆）、その部下だった若い男、さらに満州で知り合った相島（中村伸郎）の三人の男と結ばれている。それが多いかどうかは別として、戦後の日本国憲法の「両性の合意のみにて結婚する」の結婚観であるはずの明子（有馬稲子）にとっては、三度の結婚は多分「淫乱な血」の結果とみなされ、結婚前に男と関係して妊娠した自分には、そうした汚れた因子がある、と悩むのは理解できないことではない。それは、同時に戦後の日本社会の大きな変化の原因をどこに求めるのか、という問いでもある。

近年の歴史学では、太平洋戦争の敗戦と、その後の米占領による大改革によって、戦前と戦後を二つに切り離して見るのではなく、むしろ戦前と戦後は通底していて、殊に大衆文化においては、映画、ジャズ、ファッション、スポーツなど、戦後のアメリカの影響によって新しく現れたと思われている大衆文化が、実は昭和初期にすでに大都市では流行していたとされている。

『東京暮色』喜久子（山田五十鈴）

その最新の例として、山田洋次監督の2014年に公開された映画『小さいおうち』（原作・中島京子）をあげたい。これは、1931年（昭和5年）山形から東京の中流家庭に女中奉公に来た女性・布宮タキ（黒木華、晩年は倍賞千恵子）の目を通して、東京郊外に住む玩具会社の重役平井家（片岡孝太郎、松たか子夫妻）の生活と時代を描いた作品である。

一般的にこの時代は、日中戦争から太平洋戦争へと、次第に戦争が苛烈になっていく暗い時代とされている。だが、同時に軍需景気による好景気で、東京などの大都市では大衆文化の華が咲き、エロ・グロ・ナンセンスの時代と言われて、昭和8年頃から昭和15年頃までは、極めて賑やかで尖端的な都市文化が開花した時代だったことをこの映画は的確に描いている。その中で、松たか子演じる若妻の時子は、まじめだが文化音痴の夫と違い、知的な魅力をもつ会社のデザイナー板倉正治（吉岡秀隆）に惹かれ、ついには道ならぬ関係に行ってしまう。町の噂になり、それを一人心配する女中のタキ。だが、丙種合格の板倉も、ついには徴兵で戦地に赴き、赤い屋根の平井家も大空襲で焼けてしまうので、道ならぬ恋は、戦後も悲劇になることはなかった。

だから時子は、喜久子のように、わが子の明子には「私は本当にお父さんの子なの？」と問われ、孝子には「明ちゃん死にました」「お母さんのせいです！」と言われることはなかったわけだが……。

この喜久子への、明子の疑問と孝子の批難は、監督小津安二郎が、自分自身に対して発した疑問と回答ではないだろうか。それは、戦後の日本社会、特に若い世代の混乱と退廃は、その遠因は自分もその側だった昭和初期の文化的の混乱にあるという一種の「悔恨」

だったと思う。もちろん、常に自分の真意を容易には明かさない小津安二郎に、これに類する発言はない。

小津について、このように彼の内部には悔恨があったと書くと、おそらく「そんなことは映画のどこにも出てこないではないか」と言う方がおられるだろう。だが、それは映画の表面に現れてきていないだけであり、私たちは、作品の底にあるものを読まなくてはならないのである。映画『早春』が完成した時、小津は野田高梧との対談で次のように言っている（司会、岸松雄）。

こんど志賀さんの全集（志賀直哉全集）が岩波から出て推薦の辞を書いているけれども、志賀さんのところにときどき伺って、志賀さん自体を見ていると、見えているのは、志賀さんという氷山の水面に浮いている5分の1だと思う。もっと人間的なものが大へんいいのじゃないかと思う。（小津・野田・岸「『早春』快談」「シナリオ」1950年）

この小津の言葉のとおり、見る者は、作品の表面だけではなく、その裏に秘められたもの、氷山の浮いていない部分こそを考えなければならないのである。

小津の周辺にいた人たちの回想によれば、１９５０年代以後小津安二郎は撮影中も、朝から酒を飲み、昼休みに黒ビールに生卵、そして夜は宴会だったそうだ。野田とのシナリオの執筆中は、酒の合間に執筆があるという日々だったようだ。ここに何を読めばよいのか。撮影中に酒の匂いがしたことについて訊かれたとき彼は、「こんな映画、酒でも飲まなければやれるか」と言ったとの話もある。戦後の小津安二郎は、他人には決して明かさない内部に重いうっ屈をかかえていたのだと私は思うのである。

11　小津安二郎の本当の「遺作」はどれか

映画『小早川家の秋』は、1961年に松竹ではなく、東宝系の宝塚映画で作られた作品である。戦前は松竹に出入りし、1960年代は東宝の映画部門の責任者だった藤本真澄の強い要請で小津を招いて作られた。

京都伏見の老舗の造り酒屋・小早川家は、押し寄せる時代の波に揉まれているが、当主万兵衛（中村鴈治郎）は隠居して、そんなことはどこ吹く風と遊び、女や競輪に通っている。競輪のスタンドで昔の女・佐々木つね（浪花千栄子）に再会し、密かに家に通っているのだ。そして、万兵衛の死んだ息子の未亡人（原節子）と娘の紀子（司葉子）らの結婚話なども交錯する。最後、万兵衛は、つねの家で急死してしまう。万兵衛は、実は裏で店の再建策を講じていたことも分かるが、とうとう老舗は、大手の子会社になってしまうという話である。

『小早川家の秋』

ここで注目されるのは、万兵衛とつねの間の娘が百合子（団令子）で、宝石店に勤めているが、複数の外国人と付き合っていることである。

これもよく考えれば、小津らの戦前のモダニストの放蕩の「落とし子」の団令子が外人と付き合っている。自分の子供たちが、外国かぶれになっているのは、結局それを作りだした自分たちの責任なのだという、小津の皮肉というか、自己批判とも言えるのではないだろうか。

また、少し後の1964年には成瀬巳喜男は『乱れる』を作っている。これは清水の酒屋の死んだ長男の嫁高峰秀子と義弟加山雄三との道ならぬ恋の話。スーパーの進出によって地方都市の弱小商店が衰退していく話で、『小早川家の秋』と類似しているのが興味深い。

『小早川家の秋』は、意外にも彼の遺作となる翌年の『秋刀魚の味』よりも、内容的には小津安二郎の遺言的な内容を持つ作品である。作品の最後、主人公の万兵衛が、京都の愛人佐々木つね（浪花千栄子）宅で急死した後の火葬場で、娘婿の久夫（小林桂樹）から最後の言葉は、「ただ、ナンヤもうこれでしまいか、もうこれでしまいかって二度程言うて……」と聞いて義妹の加藤しげ（杉村春子）は、言う。

「のんきな人だなァ……。あンだけさんざ好きなことしといて、もうこれでしまいかもないもんだわなァ……虫のええ話だワ（とまた笑って）まっと何ぞしたかったンだろうか、そうはいかなわなァ兄さんは欲が深いわ」

小津安二郎は、鴈治郎が演じた万兵衛のように放蕩したわけでも、散財したわけでもない。だが、彼は日本映画が、サイレントからトーキー、そしてカラーへと発展し、かつては「カツドウ屋」と呼ばれて軽蔑された時代に、その世界に飛び込み、映画を芸術へと進化させるよう努力して来た。そのなかで、複数の女性との関係もあり、日本臣民として中国戦線では一兵士として戦争に参画し、戦後は、日本映画最高の監督としてふさわしい待遇を与えられ、豊かな日常を送り、1959年2月には映画監督では初の芸術院賞を受賞した。その意味では、彼は、1963年12月の死後に、松竹を襲う衰退と混乱を見ずに済むことができたのは、大変に幸福なことだった。

彼は『秋刀魚の味』の次の作品として『大根と人参』を構想し、野田高梧と脚本に着手したが急死してしまう。その後を受けた当時小津に次ぐ大船の巨匠渋谷実は、彼自身の病もあったが、『大根と人参』を上手く脚色・監督できず、１９６５年の『モンローのような女』では完全に時代とのズレを見せ、松竹を追われることになったのだから。さらに渋谷と並ぶ大監督の木下恵介も、１９６４年の大作『香華』の後、中国での戦争体験の映画化をめぐって会社と対立し、松竹を出ることになり、テレビへと転身してしまう。

小津のその後の日本映画の作家たちへの影響について、大島渚は、大船撮影所での観察を下に「小津組助監督たちは無能で、小津の言うことしかやらない連中だった」と言い、事実小津のチーフ助監督たちからは、特に優れた監督は出ていない。だが、彼のセカンド助監督以下を務めた者からは、二人の優れた監督が出ている。一人は日活で『にっぽん昆虫記』『赤い殺意』、さらに自身のプロダクションでも『神々の深き欲望』『復讐するは我にあり』『楢山節考』などの多数の傑作を作った今村昌平である。もう一人は、小津安二郎脚本、田中絹代監督の『月は上りぬ』の小津の指名のチーフ助監督に始まり、当初は『愛情は降る星のごとく』『名づけてサクラ』などの抒情的文芸作を作っていたが、１９５９年の『南国土佐を後にして』のヒット以降、小林旭の代表作「渡り鳥シリーズ」を連作して大ヒットさせた齋藤武市である。本来抒情的で、的確な描写の齋藤の表現力が、渡り鳥という「絵空事」のお話を本物に見えるようにした能力は、同様に大船から移籍したカメラマンの高村倉太郎と共に、松竹大船の伝統の力であり、日活の躍進の上で、齋藤武市らが果たした役割は非常に大きいと言える。この二人の監督を輩出したことでも、小津安二郎に後輩を育てる能力は十分にあったと言えるのである。

また、大島は「自己の作品の室内場面では空を入れない」と言っているが、小津も1959年の『浮草』では、室内シーンには一切空が描かれていず、大島も知らず知らず、どこかで小津の影響を受けていたのである。

最後に、彼の映画観というか、他の監督への批評はどのようなものであったのか、『全日記』から見てみると当然にもきわめて中庸な考えであることがわかる。

1952年2月25日　大船で　本日休診をみる　まるでドタバタの喜劇になっていて感心しない。（『全日記小津安二郎』）

小津の助監督を務めたこともあり、当時松竹では木下恵介と並ぶ大監督だった渋谷実は、シニカルな作風で、ブラック・ユーモアでもあったためか、巨匠のお気にはめさなかったようだ。同じく翌１９５３年の木下恵介の『日本の悲劇』には最大限の酷評である。

６月２日（火）　高村所長に会ふ　カンヌ映画祭より帰りて初めて也　脚本〈東京物語〉面白しとのこと也　五時より　木下恵介の〈日本の悲劇〉の試写を見る　野心作ならぬも一向に感銘なく粗雑にして　すの入りたる大根を噛むに似たり　奇にして凡作也

粗雑と言うのは、ニュースフィルムを使用したドキュメンタリー的な実験性が不愉快だったのだろうが、これを同時期に試写室で見た助監督の篠田正浩は、「その実験的表現に非常な衝撃を受け、もう俺に何かやるべきものがあるのだろうか」と思ったほどだったそうだ。そして、反対に高く評価しているのは、中村登である。

１９５２年３月11日（火）　六時から　波の試写見る　力作　好感が持てる

映画『波』は、山本有三原作の作品で、脚本・監督は中村登、主演は佐分利信、淡島千景、桂木洋子である。戦前、見並行介（佐分利）は教員で、貧しい教え子のきぬ子（桂木）を救い結婚するが、彼女は失踪し、戻った時には、妊娠していて子を産み死んでしまう。彼女には恋人瀬沼涼太郎（岩井半四郎）がいて、どちらの子か不明だが（今ならDNA鑑定ですぐに判る）、見並は息子駿（設楽幸嗣→石浜朗）を知り合いの未亡人野々宮昂子（淡島）に預けて育てる。戦後、昂子が海外に旅立つとき、見並は彼女に求婚する。実に不思議な話だが、ここに描かれているのは誠実な人間の愛と苦悩、さらに微温的ではあるが、一種の社会批判である。松竹の城戸四郎がフェビアニストであったように、小津の立場も同様なものだったことがうかがえる。

西河克己によれば、松竹大船撮影所は、知性の高い人間が多く、小津の「弟子」でありながら、ほとんど特徴のない多くの娯楽映画を作った監督に原研吉がいる。原の作品を見ると、そうした風は全くうかがえないが、彼はフランス近代詩の研究家で詩人だったという。そのような知的雰囲気を漂わせる監督が多かった大船で、中村登は、自身も東大出なのに、そんな雰囲気が一切なく、その分撮影所の人間からは軽んじられていたそうだ。だが、同時に「その分、長続きした」とのこと。渋谷実や木下恵介のように、独自の感性や批評意識を持っていた監督たちは、時代の推移と自己の才能や感覚の衰えの中で、急速に評価を喪失したのに対し、皮肉にも中村登は、自己意識が希薄な分だけ、１９７０年代末の桜田淳子主演の『遺書・白い少女』や萬屋錦之介主演の『日蓮』まで、作品を作ることができたのである。

もし、小津安二郎が癌に冒されなかったとしたら、どのような最期を迎えたのだろうか。

12　同一の方向を見ること　相似形のアクションの意味

カット繋ぎ、ロー・ポジション・仰角の画面、さらに同一方向で行われる対話などが、小津独自の技法として多くの本で論じられてきた。

だが、ロー・ポジションなら、加藤泰も多くの作品で行っているし、カット繋ぎも成瀬巳喜男、あるいは石井輝男などのアクション映画では一般的な技法である。その意味では、小津の作品で、登場人物の対話が同一方向で行われたり、相似形の行動を行うのは、極めて小津独自のものだと思うので、以下に私の考えを述べることにしたい。

精神分析学者の北山修とやまだようこは、浮世絵など日本の絵画には同一方向を共に見る「共視」があり、小津安二郎映画にも同様の「かさねの語り」が見られ、それらは日本に独自なものとしている。

確かに小津の映画の中では、『東京物語』の熱海の海岸での笠智衆と東山千栄子のように、同じ方向を向いている対話のシーンがある。また、『父ありき』の笠智衆と佐野周二の川釣りのシーンを典型に、複数の人間が相似形の行動を見せるシーンがある。それを精神分析学的に解釈するよりも、私は、歌舞伎から来た演出法ではないかと考えている。

西欧近代劇では劇中の対話する人物は普通、「ハの字型」に位置させるのとは異なり、歌舞伎では、対話する複数の人物が、舞台から客席に向かって「正面を切って」台詞を言うことがある。『白浪五人男』などのように、複数の人物が正面を見て次々と台詞を繋いでいく「連ね」という技法もある。これは、最初見ると、不自然な気もするが、馴れると少しもおかしなものではなく、むしろ心地良いものになってくる。

その理由は、あたかも俳優たちが、観客の私たちに直接話しかけてくるような、二人称的な関係の感覚を与えるからである。太宰治の小説が、二人称を使っていて、読者に語り掛けてくるような親密さを与えているが、それと同様の効果なのではないかと思う。

小津のこの手法に馴れてくると、あたかもドラマの人物たちは、私たちに親しい人物のように話しかけているように思え、自然と小津の世界に引き込まれて感動してしまうのである。

さらに結論的に言えば、それは人間が、親子であれ、兄弟姉妹、さらに同僚や友人であれ、ある時期には、皆同じ方向を向き、同じことを思い考え、行動することがある。言ってみれば幸福な時を共有するわけだ。だが、それは永遠に続くことはない。必ず、どこかで人々は別れてゆく。これは、人生の悲しみであるが、逆に見ればさまざまな出会いと成長でもあるはずだ。

小津は、そうした悲劇と喜劇を同一なものとして描いたのではないだろうか。その根源には、日本人の持つ、母子の同一性があるとのことだが、それを欧米の人間も評価しだしたというのは、どういう意味があるのだろうか。その意味付けは私の任務ではないので、ここでは書かない。小津が実母ときわめて仲が良かったことも、この説の正しさを現していると思うが、それ以上の近親愛はあり得ないことだと私は思う。

付章　二人のエバラの巨匠

――『黒澤明の十字架』その後

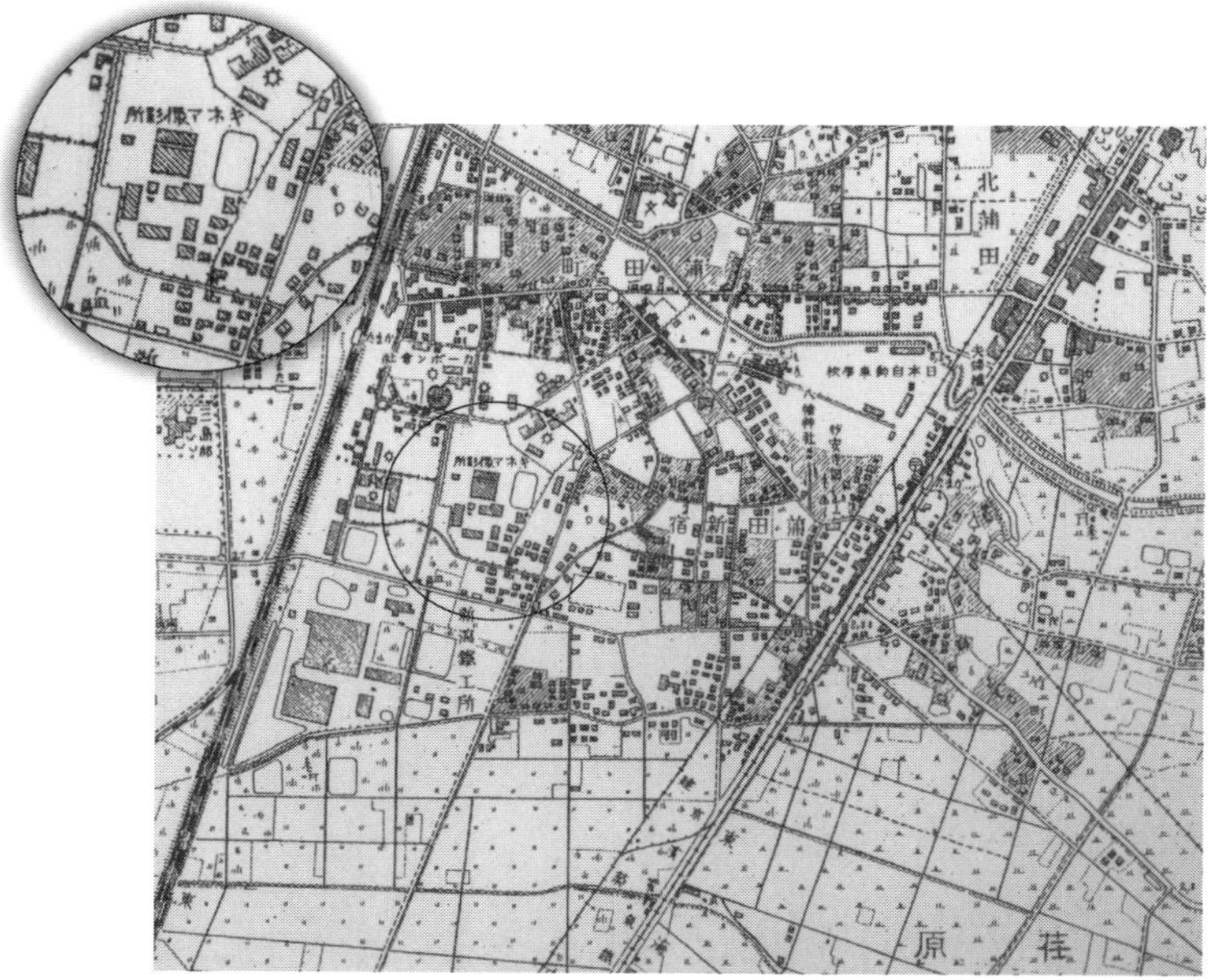

荏原郡蒲田町（村）松竹キネマ蒲田撮影所

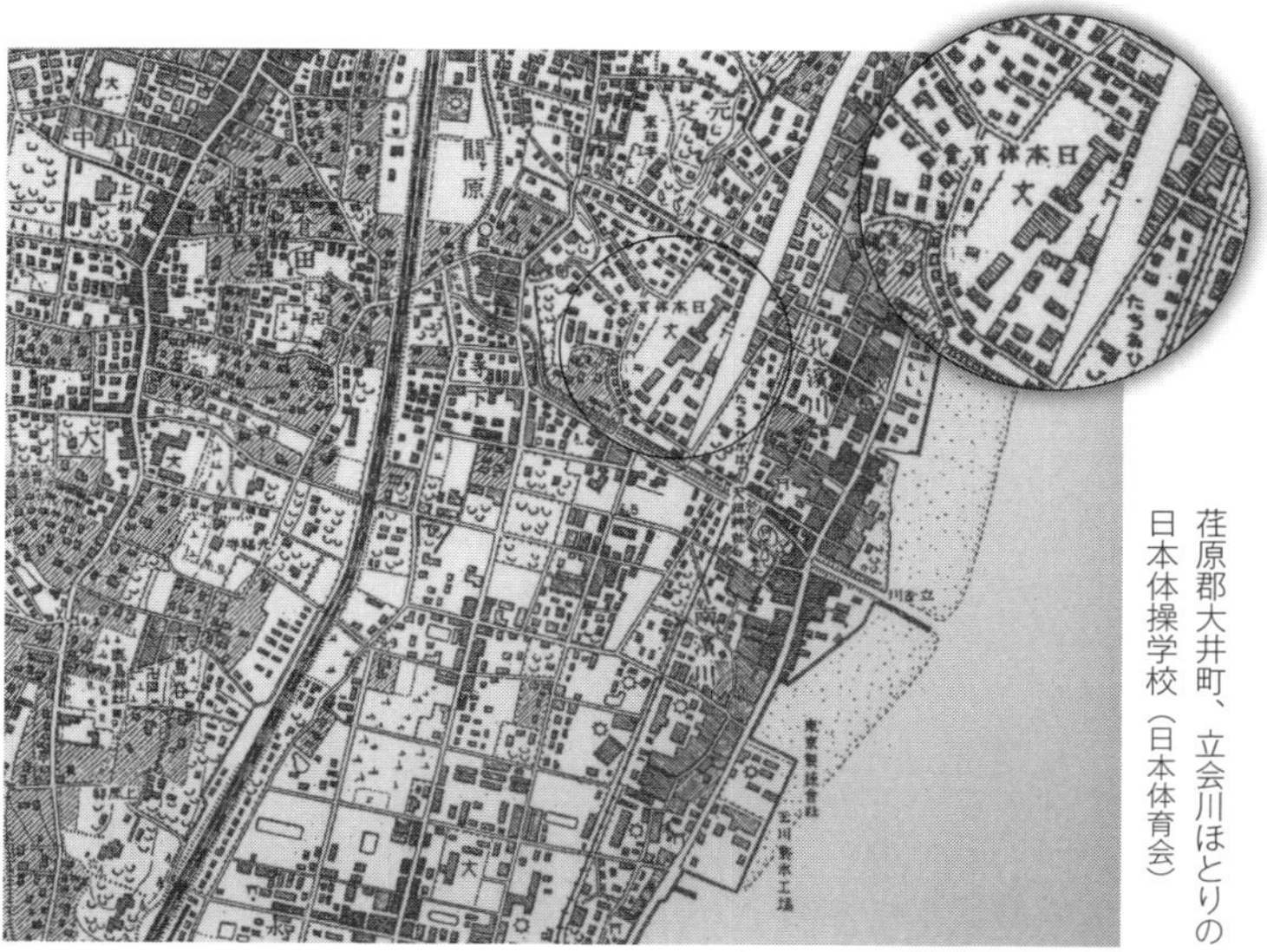

荏原郡大井町、立会川ほとりの日本体操学校（日本体育会）

２点とも大正１１年（1923）測量

はじめに

タイトルについて

小津安二郎と黒澤明を世界の巨匠と呼ぶことはよく知られており、特に説明は要しないだろう。だが、エバラについては説明が必要にちがいない。

エバラとは、かつての東京都荏原郡のことで、黒澤明は荏原郡立会川の生まれで、小津安二郎が映画界に入ったのは荏原郡蒲田町にあった松竹キネマ蒲田撮影所だった。黒澤が生まれたのは、父黒澤勇が勤務していた日本体育会・日本体操学校の教職員宿舎で、体操学校ゆえに広い運動場が必要とされたための海辺の辺鄙な場所だった。また、蒲田撮影所は、当時作られていた新派劇の背景として田園風景のために選ばれた場所であり、どちらも東京の中心から相当に離れた、言ってみれば辺境の地であった。小津も黒澤も、このように前近代と近代が混合する地域で若き日を送ったことは、その後の彼らの作品を見るうえで、大変に興味深い。なぜなら、彼らを代表とする1930年代から20世紀中の日本映画には、非常に単純化していえば、日本の近代と前近代の葛藤が常に存在していたからである。

俗に、小津と黒澤のほか、溝口健二、成瀬巳喜男の四人を日本映画四大監督と呼ぶが、この四人には、共通する四つの特徴がある（伊藤大輔、内田吐夢、豊田四郎をどうするかと個人的には思うが、ここは通説に従っておくこととする）。

一つ目は、四人とも東京に生まれ育ったこと。全員男であること、そして誰も大学を卒業していないことだ。ただ皆絵心があり、絵が上手だったことである。もっとも育ちに関しては、小津は家の方針で、小・中学校は故郷の松坂で過ごすが、生まれは東京の深川であり、下町は、彼の作品に反映されている。また、長く日本の映画界は男の世界で、溝口の助監督も務めたことのあるスクリプターの坂根田鶴子が、1936年に中編劇映画『初姿』を監督したのが唯一の例外だった。1953年に田中絹代が木下恵介の脚本で丹羽文雄の小説『恋文』を新東宝で監督するまで、長編劇映画の女性監督は日本にいなかった。

大学に関しては、溝口は、小学校のみで図案屋の奉公に行き、その後私立の洋画塾に通った。小津は、入学する気はなかったが親の勧めで名古屋高商（現名古屋大学）を受験して落ちた。成瀬は小卒後、中学に進学せず現在の工学院大学の前身である工手学校に二年行ったが、これは現在の大学ではない。黒澤は、中学校卒業後に東京美術学校（現在の東京芸術大学）を受験したが合格せず、私立の画塾やプロレタリア美術研究所に行くことになる。いずれにしても、当時の日本映画界は、やくざ者の世界で、大学卒などのエリートが行く所ではなかった。それは、つい最近までの漫画や劇画の世界と同じような社会的位置だったと言えばわかりやすいだろう。

最後の、絵心については、映画は、言うまでもなく「モーション・ピクチャー」、動く絵であり、監督の絵心は重要な要素で、溝口と黒澤は、共に絵の学校に通っており、小津と成瀬は専門的に絵を習ったことはないが、彼らの絵コンテをみてもわかるように絵は大変に上手だった。

1 『黒澤明の十字架』の要旨

2013年4月に、私は『黒澤明の十字架』を現代企画室から出版した。その要旨は、次の通りである。

1 1910年生まれの黒澤明は、1945年8月15日には35歳で、徴兵の対象年齢だったが、なぜか徴兵されなかった。理由は『蝦蟇の油』に、20歳の徴兵検査の時の担当者が父の戸山学校時代の教え子で、彼の配慮で「兵役には関係ありません」と言われたと書いてあるが、到底納得できないものである。

2 東宝は、「清く正しく美しく」がモットーの映画会社だったが、一方で1940年3月合資会社航空教育資料製作所を作り、そこでは陸海軍などから受託の「軍事マニュアル」映画を多数作っていた。その縁で宮島義勇や石井輝男らは、徴兵を延期してもらい、そのことを二人は自著で明らかにしている。

3 黒澤が、徴兵延期の代わりに監督したと推測されるのが戦意高揚映画『一番美しく』で、『姿三四郎』など、娯楽アクション映画とは違う異常にまじめな作品だった。

4 戦後、東宝では大争議が起きたが、それは社内に多数の共産党員がいたからではなく、航空教育資料製作所の存在のためで、敗戦でただちに不要部門となったために余剰人員(約230人)が生じ、それが深刻な争議の原因になった。

5 戦後、黒澤は、戦時中の戦争協力への贖罪意識から、1946年の『わが青春に悔いなし』などの反戦、平和の作品を作り、その意識は1955年の『生きものの記録』まで続いた。

6 『生きものの記録』の不入りと不評が、彼から主題を喪失させることになり、1956年の『蜘蛛巣城』以後古典的なものへと後退する作品を作りだした。

7 彼の映画技術的完成は1963年の『天国と地獄』で頂点に達し、1965年の『赤ひげ』では再び罪の告白が主題になるなど、1960年代は混迷期であった。

8 そこから抜け出すため外資と組んだが、上手く行かず、その結果協力者がいなくなり、脚本を自分で書くようになり、1990年の映画『夢』の第4話「トンネル」のように再び贖罪意識が出てきた。

そして、東宝（森岩雄）が黒澤明を徴兵されないようにした背景には、会社の将来の柱として日活からスカウトして来た山中貞雄が、東宝に1本だけの映画『人情紙風船』を残して1936年8月に出征し、1年後中国の開封市で病死してしまったことがあった。「黒澤を第二の山中にするな」との森岩雄の思いが、黒澤の徴兵延期をつくりだしたと思う、と書いた。

いずれにしても、黒澤明が、戦争中に従軍していないのは普通ではなく、その「自分は戦争を逃れたのだ」という後ろめたさが、戦後彼の「贖罪意識」となって作品の倫理的支柱になったことは間違いない。それが、彼の戦後の作品のどれを見ても常に感じられる緊張感の基になっている。

2　出版後の反響

2013年4月の出版後に、映画評論家佐藤忠男には「週刊朝日」で、作家出久根達郎からは「朝日新聞」、評論家伊達政保からは「ミュージック・マガジン」で、安田謙一からは「レコード・コレクターズ」で、神奈川新聞の服部宏には「神奈川新聞」、ライターの越後谷研からは雑誌「NEONEO」などで批評された。いずれも「従来にない黒澤論である」との評価を受けた。だが、一部には「徴兵忌避の証拠を出せ」とのご批判もあった。しかし、この「徴兵延期、そして結果としての徴兵忌避」の問題は、少し考えればすぐに想像がつくが、本来非常に微妙な問題であり、当事者間で文書の記録を残すような類ではないので、「証拠を出せ」と言うのは、無理なことなのである。また、仮に文書による陸海軍と東宝との間に交渉があったとしても、どちらも、1945年8月15日以降に、証拠隠滅のため関係書類をすべて焼却しているので、今更出てくるはずはないのである。

3　『黒澤明の十字架』の出版後、新たに分かったこと

私は、『黒澤明の十字架』を出した時、その前提として、黒澤自身の本で、「自伝のようなもの」との断りのある『蝦蟇の油』、さらに彼の一番弟子というべき堀川弘通が書いた『評伝・黒澤明』の中の、黒澤明や父親の黒澤勇氏、さらに兄・黒澤丙午氏らについての記述は、基本的に正しいことととして、特に疑わずに論を進めた。

だが、その後、父・黒澤勇氏や兄・黒澤丙午氏についていろいろ調べてみると、その記述には、明らかな間違いとは言えないにしても、本当のことを隠して、正確には書いていないことがいくつもあることが分かった。

なかでも重大な事実は、黒澤勇氏の勤務先、日本体育会・日本体操学校の退職に関する件である。堀川の『評伝・黒澤明』には、次のように書かれている。黒澤明が生まれた品川区

東大井から文京区小石川に引っ越し、勇氏が、日本体操学校を辞めるときのことである。

勇は荏原中学の理事を務め上げ、退職して小石川に移転したのではあるまいか。荏原中学を退職した勇の望みは、丙午にあった。丙午が府立一中の受験に失敗したときの、一家の模様は既に書いた。軍人にしては珍しく映画、演劇に理解があった父だが、自分の息子が、その道に進むことは許せなかった。そのことで毎日のように、父と子はいさかいした。クロさんは「それを見聞きするのが、つらかった」と言っていた。

ここには、二つの嘘が含まれている。第一は、荏原中学（日本体操学校の後身）の理事を務め上げて退職し、というところである。この時勇氏はまだ52歳、黒澤明は小学校３年生だったのだから、理事を務め上げ、というものではなく、理事を馘首、クビになったので、東大井の日本体育会の教職員住宅からもいられなくなり小石川区に引っ越した、というのが本当なのである。

何によってか。

黒澤勇氏は、もともと陸軍戸山学校の体育の教師だったが、先輩の日高藤吉郎に従い、彼が中心になって設立した日本体育会の理事になった。この日高藤吉郎という人物は、その名前からわかるように大変な野心家・事業家、また現在で言えば「軍事オタク」の少年で、年齢をごまかして16歳で陸軍に入り、西南戦争に行ったという人物なのである。西南戦争は、政府軍の近代兵器で西郷軍に勝つことができたが、この戦争で、日高は恐らく政府軍の農民兵の肉体の脆弱さ、訓練の乏しさを痛感したに違いない。戦闘のために日々肉体を鍛錬して来た武士と農民では、食べ物からして違ったはずで、身体能力の差は歴然としていたはずだ。そこで彼は、陸軍士官学校への予備教育を目的にした成城学園の設立にも参画し、その下に一般庶民の肉体の鍊成と体育思想の普及を目的に、日本体育会と日本体操学校を設立したのである。それは現在では、日本体育大学や附属荏原高校になっている。だが、その目的は、「優秀なスポーツ選手を出してオリンピックで金メダルを取ろう」といったものではなく、あくまでも強壮な兵隊を作ろうというのが設立趣旨だったのである。

そして、1914年、大正3年7月10日の読売新聞には次の記事が出ている。

警視庁の戸田警部曰く日本体育会会計主任黒澤勇氏が不渡手形を乱発して為に会

大正博覧会　日本体育会の体育館の絵葉書

計案乱を来たし不正行為ありとの事発覚し 此程より警視庁戸田警部が主任となり関係者の取調を続行して 同会会長比志島中将、同会総裁宮殿下家令松井式部官並びに丁酉銀行支配人小川貞一外関係銀行も取調を受けたりしが……

これは、日本体育会幹部（ナンバー2）だった黒澤勇氏が、不正経理を追及された記事で、総裁宮殿下とは、閑院宮、丁酉《ていゆう》銀行は華族と関係の深い銀行だった。この問題は、大正3年に上野などで開催された大正博覧会に、日本体育会も体育館を作って参加したが、博覧会そのものの不人気で大赤字になり、不渡手形を乱発したというものである。この事件は「大山鳴動して……」に終わり、彼に個人的な使い込みはなかった、と立件されなかった。だが、日本体育会創設以来、創立者日高藤吉郎の直属の部下として同会に勤めてきた黒澤勇は常勤幹事の職を解かれ、4年後の1918年には非常勤の常議員にされてしまう。ときに黒澤勇52歳、黒澤明8歳のときであった。

また、第二の嘘は、勇が映画や演劇には日頃理解があったと言い、また黒澤明の自伝では、なぜか日頃厳格な父でも映画を見ることは許してくれたと不思議そうに書いていることである。だが、この日本体育会は、その事業目的に、体育思想の普及があり、実際に映画（と言ってもまだスライドだが）を使っての日清・日露戦争などの解説、あるいは実戦についての軍人による模擬芝居、軍歌の合唱などのイベントを東京の各所で行っているので、参考として映画や演劇を見たはずで、少しもおかしなことではない。さらに、日本体育会は雑誌も出していたが、その広告欄には、後に日活の母体の一つとなる吉沢商会の広告があるなど、黒澤勇の周辺と映画界は意外にも大変に近い関係だったのである。また、黒澤明は父のことを「日本で初めてプールを作ったり」と書いているがこれも大変な誇張で、鉄筋コンクリートのプールと思うと大間違い。東大井の校庭の前の海岸に縄のロープを張って「プール」にしたというのである。

そして、兄の丙午は府立一中（日比谷高校）の受験に失敗すると、父の勧めで成城中学に行く。当時の成城中は、現在の「お坊ちゃん学校」ではなく、陸軍士官学校への進学ための予備校だった。ちなみに海軍士官学校への予備校が海城高校である。

彼は、その頃から、文学と映画が好きになり、黒澤遙村の名で映画雑誌への投稿や映画館のチラシへの原稿執筆などを始めていたが、当時の投稿仲間には、東宝の重役になる森岩雄や喜劇役者となる古川ロッパらがいた。丙午は、映画界に進むことを希望し、多分士官学校進学を勧める父とは決定的に対立したのだろう。だが、結局彼は、近所にいた活動弁士の山野一郎の紹介で、1924年に須田貞明として新宿武蔵野館の活動弁士になる。何故か、それは弁士の高給ゆえである。当時、日本で最高の弁士と言われた山野一郎は、月給1千円だったと言われ、そこまでではないにしても弁士は給与が高く人気の職業だったのである。そして、生来の頭の良さと教養、研究熱心さから、丙午＝須田貞明は、洋画の人気若手弁士としてたちまちに頭角を現すことになる。

実は、勇が日本体育会を辞めた後の約六年間、黒澤家がどのように生計を立てていたかは不明である。秋田から単身上京して来た勇氏に、資産や貯蓄があるはずもない。ただ、日本体育会の事業計画を見ると、1918年以後も、事業計画委員として黒澤勇氏と日高藤吉郎が指名されているのが注目される。恐らくは日本体育会から、臨時のイベント事業を受託し、収入としていたのではないかと私は推測している。そして、1924年には丙午が弁士になったので、生活は相当に楽になったはずだ。さらに、黒澤明から5歳上の姉・春代も、その頃に母校である森村学園小学校の教員として働くことになったので安定を得られたに違いない。

こうした黒澤家の経済的事情は、家の引越しがそれを跡付けている。

1917年に東大井を出た後に最初に住んだのは、小石川区西江戸川だが、これは勇の親分の日高の住居が雑司ヶ谷で、丙午が通う成城中も市ヶ谷原町で共に近かったからだろう。その後、1924年頃に、一家は渋谷区長谷戸に移転している。これは姉の春代が勤務する高輪の森村学園へは、西江戸川からでは遠かったが、恵比寿の長谷戸なら、山手線か市電で楽に通えたからである。

黒澤明は、京華中学卒業後、1927年に美術学校を受けて落ち、椎名町にあったプロレタリア美術研究所に通い、ナップにも加盟し、無産党の非合法活動にも参加する。これも非常に不思議である。なぜなら1929年には私立の武蔵野美大（帝国美術学校）もでき、あるいは一般の私大に行くこともできたからである。『蝦蟇の油』には、こうした反体制運動への参加の理由に、当時の一般的な社会情勢として社会不安とプロレタリア芸術運動の興隆があったと書かれている。だが、本当の理由は、日本体育会の理事として、子供が三人も森村学園という私立学校に行っていたのが、父の失職によって急に貧困に落ち込んでしまったこと。さらにそうした社会の不条理への怒りからだと私は思う。なぜなら、黒澤からは、戦後の作品だが『悪いやつほどよく眠る』を典型に、富裕な者たちへの怒りが常に強く感じられると共に、ＰＣＬ入社後は、つまり生活が安定した途端に、反体制的意識が完全になくなっているからである。

１９３３年7月、丙午は、妻子がいたにもかかわらず、「トーキー・ストライキ」で組合委員長になったことによる会社側との板挟み、さらに愛人との間に生まれた子が死産だったことなどから自殺してしまう。この兄の愛人との情死も、自伝には、ただ自殺としか書かれておらず、愛人との情死のことは曖昧にされている。逆に言えば、それほど衝撃的だったのだろう。

そして、１９３６年、26歳の黒澤明は、ＰＣＬの助監督の公募に応募して合格し入社する。これも、よく考えれば大変に不思議な入社である。当時、ＰＣＬは、「大学卒の新卒採用」を掲げていたが、黒澤は、どちらにも当てはまらないからだ。同期に入社した助監督に楠田清がいて31歳だったが、彼は衣笠貞之助監督の助手で、側近だった故の合格だった。だが黒澤は、大学は出ていないし、26歳とかなり年齢も高かった。それなのに入社できたのは、兄の黒澤丙午と、森岩雄が映画雑詩の投稿仲間だったことが深く関係しているはずだ。サイレント映画時代、森も、丙午も、若き映画少年だった。丙午は、一時は若くして人気弁士須田貞明になったが、トーキーへの日本映画の転換で自殺してしまった。一方、森は、日活の企画部からスカウトされて、新しいトーキー映画会社ＰＣＬの幹部になった。その友人の弟が応募してきて、見れば服装も汚れていて生活苦でもあるようだ、普通に考えれば入社させるのが人情というものだろう。彼の服装がひどくて、非常な貧乏を想像させたことは山本嘉次郎が書いている。試験の最終の試問で、黒澤は、秘書課長から家庭についての執拗な質問を受けて不快だったと自伝で書いている。だが、これも予め森との関係で、黒澤の情実入社が決まっていたことに対する秘書課長の密かな抵抗だと考えれば説明がつく。また、松竹の小林久三は、１９７０年代に企画室にいたとき、堀川弘通と教育映画を作り、彼から「若い頃に、生活の辛酸をなめつくした黒澤明は、子息の久雄氏に小学校時代から英国製の洋服を着せ……」といった話を聞いたと『雨の日の動物園』で書いている。

4　黒澤明の徴兵検査の時のこと

私が『黒澤明の十字架』を出して、一番問題となったのは、多分彼の1930年、昭和5年の徴兵検査の時のことだろう。『蝦蟇の油』には次のように書かれている。

昭和五年、私は満二〇歳になり、徴兵検査の令状を受け取った。
検査場は、牛込の小学校であった。
そして、その時の徴兵司令官は、幸運にも父の教え子だった。
司令官は、その前に立った私に聞いた。
「戸山学校を出られて、一時陸軍の教官をしておられた、黒澤勇殿の御子息か」
私「はい」
司令官「お父さんは御達者か」

私「はい」
司令官「わたしは、お父さんの教え子だ。よろしく、と伝言して下さい」
私「はい」
司令官「君の志望は、何かね」
私「画家です」
（プロレタリア美術とは云わなかった）
司令官「ふむ。国に奉仕する事は、軍人でなくとも出来る。しっかり、やり給え」
私「はい」
司令官「しかし、君は虚弱のようだ。姿勢も悪い。体操をやり給え。こういう体操は、背骨をのばし姿勢を正しくするのに役立つ」
（中略）
私は、この徴兵検査の最後に、書類の前に坐っている特務曹長の所へ呼ばれた。
その特務曹長は、私をジロジロ見て云った。
「君は、兵役に関係ありません」
事実、その通りだった。

日本が、戦争に負ける直前まで、簡閲点呼もなかった。

この徴兵検査の章だけ、シナリオの形式で書かれていて、他の記述が普通の散文の形式なのに、あたかも場面が目に浮かぶようにリアリティが強調されていて、この徴兵検査の件自体が怪しいと疑問を持つ方もいる。

だが、私はこの徴兵検査時に、乙種合格と判定されたのは、ありえたのではないかと思う。何故なら、１９３０年は、近代の日本で一番平和だったときだったからだ。宇垣一成陸軍大臣による「宇垣軍縮」が行われ、約10万人の将兵が削減され、その分現役兵の検査も厳しくなかったからだ。長身ではあったが、痩せて虚弱に見えた黒澤を甲種ではなく、乙種合格にしたのはありえたと思う。

だが、翌１９３１年には満州事変が起き、１９３７年の日中戦争、そして１９４１年12月8日の太平洋戦争になると将兵が著しく不足し、徴兵年齢も43歳まで順次引き上げられた。そのため、東宝のスタッフで見ても、共に40歳を越えていた特殊技術の円谷英二、撮影監督の三村明らも徴兵され、黒澤の助監督で、第二乙種だった堀川弘通までも従軍している。逆に、カメラマンの宮島義勇は森岩雄が軍に口を利いてくれたので徴兵されなかったと書いているし、撮影助手だった石井輝男も会社が徴兵延期をやってくれたと言っている。また、他の極端な例では、小説家中野重治は43歳だったが教育召集の名目で徴兵されている。それに対して、1945年8月の時点で、35歳で多分乙種だった黒澤に召集令状が来なかったのは、本当に異常なのである。では、「その証拠を出せ」となるが、文書の証拠は戦後に焼却されたので残っているはずはない。

だが、徴兵を逃れたという黒澤の「心苦しさ」は、戦後の『静かなる決闘』を代表に、晩年の『夢』の「トンネル」で兵士の死者が夢に現れる挿話の異常なリアリティの強さといい、黒澤明の徴兵延期、そして結果としての「徴兵忌避の証拠は、彼の作品の中にある」というのが私の立場である。

この問題の解明なくしては、戦後の黒澤映画の主題の本当の理解はないのである。

5　『姿三四郎』について

1943年3月に公開された『姿三四郎』は、黒澤明の処女作で、「これが最高傑作だ」との意見もある、非常に面白い映画である。その後、4回作られた映画『姿三四郎』のみならず、ブルース・リーの空手映画などの開祖であり、これに影響を受けていないアクション映画はないだろう。だが、この原作の富田常雄の小説を読んだことがある人は、今はそう多くないにちがいない。以前は文庫本が出ていたが現在では絶版で、読むには図書館に行くか古書を入手するしかない。私が読んだのは、そう昔ではないが、読んで大変驚いた。原作と映画は、相当に異なるものだったからだ。「野村芳太郎監督の映画『砂の器』は、松本清張の原作小説よりも遙かに良い」という説があるが、この『姿三四郎』も、ややそれに近い。小説『姿三四郎』では、三四郎の恋人は乙美だが、彼女には腹違いの双子の姉妹で華族の娘高子がいて……、という風に、一種「因果もの」めいた話の他、修道館のモデルである講道館の嘉納治五郎の他流派との闘争、今の言葉で言えば「異種格闘技」の話が延々と続き、肝心の三四郎は一向に現れないのである。ある時期から他の柔術派との戦いを禁じた講道館だが、嘉納も初期は他流派との戦いを頻繁に行い、さらには、他派から寝技や当て身などの優れた技を取り入れている。百以上もあったといわれる古柔術の中で、自派の優秀さを示すには、諸派と戦って勝つことが一番なのだから、他の柔術派は勿論、海外のボクシングやレスリングとも初期の講道館は戦っていたのである。

原作者の富田常雄は、嘉納の高弟の一人で、米国で柔道の普及にも活躍した富田常次郎の息子である。また、姿三四郎のモデルは、講道館四天王の一人と言われた西郷四郎である。だから、小説『姿三四郎』は、娯楽小説であると同時に、戦後までは講道館の他、柔術界で大きな勢力を持っていた「武徳会」や「高専柔道」に対し、講道館柔道の正当性を証明し宣伝する物語でもあった。

『姿三四郎』

黒澤明の映画『姿三四郎』の独創性は、乙美と高子の話は全部捨て（名前も小夜に変えている）、修道館の矢野正五郎（嘉納治五郎）と姿三四郎の、他流派との戦いのみにしてあることだ。この女性役については、1955年に東映が田中重雄監督で作った『姿三四郎』の配役には乙美（宮城野由美子）と高子（高千穂ひづる）の名があるので、その件があるかもしれないが、未見で詳細は不明。また、1965年の宝塚映画の内川清一郎監督版では九重佑三子、1970年の松竹の渡辺邦男監督版では尾崎奈々の乙美のみで、高子は出てこない。1976年の岡本喜八監督版では秋吉久美子が乙美で、高子役として神崎愛がいたが、彼女と乙美が双子の姉妹だったという記憶はない。この三四郎の恋人役の名を乙美から小夜に変えたのは、乙美の名前は西洋的なので時局柄そうしたとのことである。

さらに、興味深いのは、この小説の映画化権を東宝が取得した件である。『蝦蟇の油』では、黒澤は富田の新刊の新聞広告を見て閃き、本を読んで企画部長の森田信義に権利を取得してくれと頼み、田中友幸が富田の家に行った。松竹と大映も映画化の申し込みがあったが、「私にとっては倖せな事に、富田氏の奥さんが、映画雑誌で、私の事を読んでいて、この人は有望らしいから、と富田氏に私を推してくれた。」とある。富田常雄の奥さんは、映画マニアだったのだろうか。この頃、黒澤明の名は、彼が執筆した脚本『達磨寺のドイツ人』が雑誌「日本映画」1942年3月号で伊丹万作に絶賛され、1942年の情報局映画脚本募集で『雪』が1位になった程度で、一般には全く知られていなかったからだ。さらに、黒澤が題名と「柔道天才児の波乱の生涯」の広告だけで、強く惹かれたというのも凄い霊感である。

それよりも、富田常雄の父富田常次郎は、1916年に米国から帰国後、赤坂に東京体育倶楽部という体育館を作り、柔道の普及に活躍していたことの方が重要だと思う。黒澤勇の日本体育会は、体育思想の普及のため、様々な場所で体育イベントをやっていて、そこには柔道もあったので、黒澤勇と富田常次郎、さらに富田常雄とは交流があったのではないかと私は思う。彼らを繋ぐ人物として、日高藤吉郎の存在もあっただろう。だから、「あの黒澤勇氏の息子が自分の小説の映画監督をする?」と、富田常雄が承諾したのは当然だろう。

ここでも、自分の父黒澤勇の姿を見せたくない黒澤明の意思を感じるのは私だけだろうか。『蝦蟇の油』を読むと、日本体育会在職中の、東大井にいた頃のことはかなり出てくるのだが、体育会を辞めて後のことになると、父の姿はほとんど見えず、黒澤との関わりが不明なのである。つまり、失職後の父に対してはあまりよく思っていなかったように思えるのである。

6 『虎の尾を踏む男達』の製作時期と幻の映画『荒姫様』の二役

『虎の尾を踏む男達』

映画『虎の尾を踏む男達』の製作時期は、『蝦蟇の油』では、1945年の初夏に始まり、8月15日の敗戦を挟んで9月頃までだったとしている。この作品は、敗戦後の諸事情からすぐには公開されず、米軍の日本占領が終わる1952年4月になって公開された。

だが、この製作時期についいては、中村秀之が『敗者の身ぶり』の中の「歴史の闇をうつす」で、義経を演じた仁科周芳（十世岩井半四郎）の『虎の尾を踏む男達』の上映会での証言、あるいは製作主任だった宇佐美仁の証言、さらに映画公社の記録などから、1945年の8月15日以後に作られたことを実証している。最も客観的と見られるのは、当時も東宝の映画責任者だった森岩雄の回想である。

戦争に負けた。占領軍が日本にどんな考えをもつのか、映画はいったいどうなるのか、今度はそういう問題にぶつかった。……幸い生フィルムのストックも少々あったから、いろいろな企画の中から黒澤明が提出していた『虎の尾を踏む男達』その他を採りあげて製作することを決めた。これは撮影所の士気を落とさぬためにも大切だと思ったからである。（森岩雄『私の芸界遍歴』1975年）

この戦争末期に黒澤が企画していた作品は、榎本健一と大河内伝次郎主演の『どっこい、この槍』だった。だが、戦争末期で馬が集められないので、大掛かりな仕掛けが不要で二人の配役がそのまま移行できる『虎の尾を踏む男達』に至急差し替えて作ったと、彼の自伝では書かれているが、森が書くように本当は8月15日後に撮影されたものなのである。

この時期の企画作品については、実はもう一本別の作品があった。山本周五郎の小説を原作とする時代劇『荒姫様』である。黒澤の京華中学時代の同級生で、戦後は『素晴らしき日曜日』と『酔いどれ天使』で共同して脚本を書いた植草圭之助の自伝的小説『わが青春の黒沢明』で彼は、1945年夏頃に黒澤からこう言われたと書いている。

「簡単に言えばジャンヌ・ダルクみたいな。原作は山本周五郎の『日本婦道記』の中にある中編小説だが、戦国時代、在る山城で籠城中の荒姫がヒロインでね……味方の軍団ことごとく壊滅して、敵の重囲の中で老人、女、子供ばかりの城を護って戦い抜くっていう話だ。君の好きな原節ちゃんで、悲壮美を描きたいんだ」「残念だが、大合戦は無し。その代わり、荒姫が城中に残っている少年たちを鍛錬して、十数騎、夜陰に乗じて、敵陣へ殺到するんだ。綺麗だぜ」

この『荒姫様』のことは、黒澤の記述にはどこにも出てこないが、企画されていたのは間違いないだろう。植草の同書には、東宝スタジオで監督の島津保次郎と俳優の徳川夢声が会話していたとの記述もあるからである。

「ああ、例のジャンヌ・ダルクか、知ってる。あれはあかんよ、意見聞かれたから竹井君に言っといた。会社じゃアメ公の本土上陸に備えての好企画だって勢いこんでいるが、そんな！　こんなときこそ芸術を作らなやぁ」

と、拳で卓をたたいた。

「御説の通りです」

酔いで桜色になった頬の皺を刻ませながら、徳川夢声が大きく頷いた。


竹井君とは、東宝の企画部にいた竹井諒のことである。

黒澤明の『荒姫様』は、山本周五郎の小説『笄堀《こうがいぼり》』を基に構想された。それは豊臣秀吉軍による小田原の北條氏攻めの際の、武蔵の国・忍城の攻防戦を舞台にしており、和田竜の小説で2012年に映画化された『のぼうの城』と同じ題材である。そこでは、300人の城方に対して3万人の石田三成軍が包囲している。城主は小田原に行っていて、城は奥方の真名女が守っている。老家臣たちが、降伏を説く中で彼女は戦うことを決意し、城外の一般の町人、百姓までも城に入れて大軍と巧妙に戦い、互角以上の戦いになる。城の女たちは、堀を掘る作業に従事していて、ある日、堀の中で、真名女が昔身につけていた笄を見つける。そして、城に笄を持って行き、「これはおかたさまのでは……」と本丸に行くと、そこにいたのは真名女ではなく、母によく似た娘の甲斐姫だった。

つまり、奥方は、身分を隠して下層の女と一緒に堀の掘削作業に従事していたのである。この一致団結した力のお陰で、三成方の城攻めは難航に難航を重ね、ついに北條方が小田原で秀吉方に降参するまで持ちこたえたのである。まさに昭和18年1月に発表された露骨な、しかしよくできた「戦意高揚小説」で、戦後はさすがの山本周五郎も『日本婦道記』に入れなかったが、現在は別の短編集『髪かざり』に収録されている。

この笄堀の奥方の掘削シーンを黒澤明が構想した時、恐らく『荒姫様』では、この真名女と娘の甲斐姫を、原節子が二役で演じるものだったと私は想像する。原節子の二役と言うのは、見る者にとって心踊る企画ではないか。

さて、原節子が演じた「二役」と言えば、戦後の『わが青春に悔いなし』がある。ここでは、原節子は、前半は大学教授のお嬢様として上品に演技している。だが、恋人の野毛（藤田進）が反戦運動で逮捕されて死んでしまう。そして、戦時中に彼の実家の村に行くと、彼女は田の泥にまみれ髪振り乱して猛烈な労働に励むのだ。その変化は観客に、異常な感動を与える。

それはよく考えると二役であり、原節子に上品なお嬢様と、髪振り乱して働く女を演じさせるというアイデアは、幻の映画『荒姫様』を黒澤が構想する中で得られたものだと私には思える。『荒姫様』の製作中止を、巧みに原節子の『わが青春に悔いなし』の二役的演技に転換した黒澤明の才能はやはり凄いというしかない。

この『荒姫様』のことをなぜ彼は、彼の自伝その他の1945年夏の記録から除外し、その代わりに『どっこい、この槍』、そして『虎の尾を踏む男達』を製作していたと事実と異なる記述をしたのだろうか。

それはやはり「一億総玉砕」を明らかに暗示させる「悲壮美」の映画を準備していたという事実は、戦後はないことにしたかったのだろうと思う。山本周五郎ですら、戦後の『日本婦道記』には、『笄堀』を入れていなかったくらいなのだから。

7　兄・黒澤丙午《へいご》（須田貞明）の死と、その面影の行方

先に、黒澤の兄丙午の死は、愛人との情死だったと書いた。これは、よく考えてみると戦後の映画『静かなる決闘』にも強く影響していることがわかる。

『静かなる決闘』は、菊田一夫の戯曲が原作で、1949年に大映東京で製作された。戦時中に南方で軍医として戦場にいた医師藤崎恭二（三船敏郎）は、腹部に弾を受けた兵士中田進（植村謙二郎）の手術の時に誤って手の指先を切り、梅毒患者の中田から梅毒に感染してしまう。帰国した恭二は、東京下町で父孝之輔（志村喬）と共に医院を開き、聖《ひじり》として尊敬を受けているが、ダンサー上がりの峯岸るい（千石規子）は、偽善者と疑っている。彼女は、恭二が梅毒であることを知り軽蔑し、孝之輔もそれを聞き、驚愕する。だが、それは恭二の責ではなく感染させられたものであるとの真実の告白を聞き、二人とも大いに感銘を受ける。この三船の告白には、「戦争に行かなかったが、それは自分の本意では

なかった」との黒澤の本心の告白が読み取れると思う、と私は『黒澤明の十字架』で書いたが、それは日本で最初の指摘だったはずだ。そして、恭二が梅毒と戦う姿に共鳴して、るいも看護婦として生きていくことを誓う。一方、中田は、治療せず放置し、生まれた子が奇形だったことから発狂してしまう。

ここに出てくる二人の患者、治療せずに破滅してしまう中田、一方、きちんと治療して立派な医師として生きていく恭二。

この二人は、実は兄黒澤丙午のことである。

植村が演じた兵士中田は、実際に自堕落な生活で破滅してしまった現実の兄丙午である。それに対して、適切な治療をして正しく生きていく、三船が演じる恭二は、黒澤明から見た、そうあって欲しかった理想の兄丙午である。『静かなる決闘』は、理想の兄と現実の兄を二重に重ねて表現した作品だったからこそ、それだけ緊張感を持った優れた映画になったのである。

黒澤丙午

『静かなる決闘』の三船敏郎

さらに三船敏郎と黒澤丙午の容姿が似ているのも注目されるこ

とである。

この作品の前作『酔いどれ天使』で三船敏郎を発見して以後、黒澤は、三船敏郎を主演俳優として１９６５年の『赤ひげ』まで使い続ける。それは黒澤明が、三船敏郎の中に兄黒澤丙午の面影を見出していたからではないかと私は思うのである。

8　黒澤勇の解雇事件と映画『悪い奴ほどよく眠る』

先に、私は１９１４年に黒澤明の父の黒澤勇が、不正経理事件で、警視庁警部の取り調べを受け、四年後には日本体育会の理事職を解雇されたことを書いた。これは、大正博覧会への出展の際の赤字から手形を乱発した容疑だった。だが、これは結局嫌疑不十分とのことで、結局は起訴はされずに終わる。だが、１９１８年の理事会で黒澤勇は理事を解かれて平の常議員に降格されてしまう。この取り調べの際に、同会総裁だった閑院宮家の家令も事情聴取されているのが注目される。いくら総裁とはいえ、本来名誉職であり、完全に別会計のはずの日本体育会の赤字のことで、宮家の職員が事情聴取されるものだろうか。これは、宮家が何らかの形で手形乱発事件に関係していたからではないかと思われる。

こう書くと、思い出されるのが黒澤明監督、１９６０年の映画『悪い奴ほどよく眠る』である。

『悪い奴ほどよく眠る』

これは、黒澤が前作『隠し砦の三悪人』の撮影スケジュールオーバーの責任を取らされる形で、自身の製作会社黒澤プロダクションを作り、その第一作目の作品だった。

映画は、豪華な結婚式のシーンから始まる。開発公団総裁秘書の西幸一（三船敏郎）が、総裁岩淵（森雅之）の娘佳子（香川京子）と結婚するが、ケーキ入刀で運ばれてくるウェディング・ケーキは、公団のビルを形どったもので、七階の窓に赤いバラが刺してある。そこからは、五年前に汚職事件をめぐり、課長補佐が飛び降り自殺していたのだ。そして西と友人板倉（加藤武）の手で、岩淵ら、汚職にかかわった連中への復讐が始まり、西は、実は自殺した課長補佐の隠し子だったことが明らかになる。西は、父の復讐のために公団に就職し、佳子とも結婚したのである。最後、西は、佳子に心を許したために、岩淵らによって自動車事故を装った仕掛けで殺されてしまう。ラストシーンは、黒幕と無事に電話をする岩淵で、悪い奴は逮捕されずに頭を高くして眠っているのだった。

この製作意図について、黒澤は、「自社プロを作ったので、営業的には一番難かしい汚職問題を描いたのだ」と言っている。だが、本当にそうだろうか。もともと黒澤作品は、リアリズムではなく、あるアイデアを生かすといった形からできている。その証拠に、この汚職という現実的な題材に於いても取材をした形跡は全くなく、5人の脚本家を集めたがシナリオ作りは難航し、その結果大げさな「復讐劇」として『モンテ・クリスト伯』との類似性が見られるほどである。

では、黒澤明はどこからこの復讐劇の発想を得たのだろうか。

私は、この作品の基は、父親の黒澤勇氏が受けた「解雇事件」だったのではないかと思うのである。

この赤字事件の捜査では、勇は警視庁警部の取調を受けたが、結局は事件としては不問で、翌年に同会内部の処分を受けただけである。私はこの赤字事件が、本当は日本体育会の乱脈経理ではなく、逆に同会総裁の閑院宮家の経理の問題の「処理」に使われていたのではないかと思うのだ。何故なら、勇氏は、1918年に処分を受けた後も同会とつながっており、臨時事業の受託委員として事業を行っているからである。本当に経理処理に問題があったならば、このような暖かい処遇はないと思う。つまり、黒澤勇の降格は、映画『悪い奴ほどよく眠る』の、西の父で汚職の罪を一身に負わされされて自殺した課長補佐のように「濡れ衣」だったのかもしれないからだ。

１９８５年の映画『乱』を製作していた頃、その国際法務担当だった弁護士乗杉純氏は、黒澤明から次のような言葉を聞いたことがあるそうだ。

「僕はとても撮りたいシャシンがあるんですよ」「でもそれを撮ったら僕は殺されるかもしれない。僕だけだったら構わないんだけど、子供や孫が何をされるかわからないと思うととても出来ないんだなぁ」と。（「映画『乱』制作秘話」）

乗杉氏は、これは昭和天皇とのことではないかと示唆されているが、黒澤明と天皇と何らかの関わりがあったとは聞いたことがない。

となると、それは父の黒澤勇氏が受けた、この「濡れ衣」事件だったのではないかと私は思うのである。その最大の理由は、本来汚職などの社会的事柄に全く関心がない黒澤明が、この作品だけに、汚職を題材としているからなのである。また、現実の素材を取材した形跡が全くないのに、非常にリアリティがあり、作品の緊張感も高いのは、自分の身近に起きた事件だったからではないだろうか。

9　小津安二郎と黒澤明

小津と黒澤の共通点と相違点

小津安二郎と黒澤明について、本章の「はじめに」で四大監督の括りで四つの共通点を挙げたが、そのほかにも二人に共通するものはかなりある。

第一は、両者とも作品の編集に非常にうるさかったことがある。これは二人が、画面構成に凝ったことの延長線上でもあるが、特に小津は、カットとカットの繋ぎ、そのカット数にまで凝り、特定のカット数で常に作品を仕上げたと言われている。松竹大船で、編集者浜村義康の下にいて、『晩春』から『彼岸花』までの小津作品の編集助手を務めた名編集者浦岡敬一は次のように言っている。

その実景の秒数は、7フィート、ジャスト。それを一コマたりとも違わない。しかもダイアローグ・カット、つまり会話の部分は全て台詞尻10コマ、頭6コマで切れている。これはどういうことかというと、Aの人物が話し終わって10コマ間があき、次の人物が話すまでに6コマ、間が空くということなんです。その間は常に16コマ、つまり三分の二秒間が空くということなんです。（浦岡敬一『編集者・自身を語る』）

そして、この16コマがいわゆる小津調を作りだしているとし、その実例として小津が東宝の子会社宝塚映画で『小早川家の秋』を作ったときのことを挙げている。タイトルでは編集は、戦前からのベテランで東宝の岩下広一となっている。だが、小津はそれが気に入らず、スタジオに浜村義康を呼んでやり直しており、この16コマが小津安二郎の作品の生命だと断言している。

確かに小津の映画を見ていると、そのリズム、映画の運びの心地よさに、作品のテーマや俳優の演技、表現などは、しばしばどうでも良くなってくる心持ちがする。そこが小津安二郎映画の一番の魅力ではないかと常々私などは思っているのだが。

映画的リズムの良さは黒澤明にもあるが、それは個々のカットの繋ぎよりは、むしろもう少し大きな、各シークエンスとシークエンスの繋ぎ方、つまりは映画の展開や語り口の面白さのように私は思うのである。

だが、小津安二郎と黒澤明の編集方法については、根本的な大きな違いもある。それは「ネガ編集」と「ポジ編集」の差である。ネガ編集とは、撮影したネガをそのまま編集することであり、ポジ編集とは、ネガ・フィルムをいったんポジ・フィルム、つまり通常の上映用のフィルムの形に焼き付けて、そのポジ・フィルムで編集をする方法である。

黒澤明が、1950年に松竹に来て、『醜聞』を作ったとき、松竹の城戸四郎は黒澤がポジ編集だと聞き、「黒澤は卑怯だ」と言ったといわれている。これはネガ編集では、編集作業でネガを切ってしまえば、二度と繋ぎ直すことはできず、監督は編集の段階で完成形の映像を持っていなければならない。ところが黒澤明、そして東宝（実は松竹大船以外は、日本の撮影所は大体ポジ編集だった。松竹でも京都は、トーキーの導入時からハリウッド・システムを採用していた日活京都の影響を受けポジ編集だったのだそうだ）では、ポジ編集だったので、編集は何度でも様々な繋ぎ方ができる。監督は最後まで最終形の映像を持っていなくても良いのである。これは、一面で言えば、発足当初からハリウッドのプロデューサー・システムを導入した東宝と、城戸四郎の考えでディレクター・システムを取っていた松竹との違いでもある。

アメリカでは普通、映画の編集権はプロデューサーだけにあり、監督にはない。監督は現場での俳優の演技の演出、全スタッフの掌握や指示が一番の業務である。その結果、出来上がったフィルムを編集し（アメリカでは普通は同一のシーンに対して何本かの違うアングルや距離などの映像を撮影し、その複数のフィルムをプロデューサーに提出するのが監督の役目であり、中から最良のものを選択するのがプロデューサーである）、台詞、音楽等を付けて、一本の上映用フィルムに仕上げる権限はすべてプロデューサーにある。言ってみれば、監督は、プロデューサーの命令で、素材映像を提供する立場なのである。だから、近年は製作と監督を兼ねる監督、あるいはいったん一般上映した後に、ディレクターズ・カットという名の、監督が再編集したＤＶＤが出されるのもそのためなのである。東宝のポジ編集は、完璧にアメリカ方式とまでは行かないが、それとの折衷的な方式だとも言える。東宝では発足のＰＣＬの時代から戦時中まで、「監督」とは書かず、「演出」の名称だったのも、そのせいである。

その結果と言うべきか、もともとそうだったと言うべきか、小津安二郎映画では、脚本は書き上がった時が最終稿であり、決定稿だった。それはすべてのカット割りから、繋ぎ方までの全部が小津の頭の中では組み立てられていたものだったのである。だからよく小津作品について言われる批判、「登場人物がお人形さんのようでぎこちない」（特に笠智衆の演技については良く言われた）、「人物が生きた人間のように見えない」というのも、小津の映画の作り方から見れば、ある意味で当然の帰結だったのである。

また、小津は、ある種の「絵画的記憶」と動体視力に優れていた人物ではなかったのかと私は思うのである。浦岡は、映画『麦秋』の時、小津の記憶の凄さに驚嘆したことを書いている。映画の最後の方、麦が畑で揺れているカットを、7テイク撮り、小津は「三番目のを使う」と言った。だが、浦岡がネガを探したが、その三番目のネガがどうしても見つからない。仕方なく、浦岡は、画面がよく似ているネガを繋いで試写した。終わると小津は、「麦の穂が違っているよ」と浦岡に言った。小津は麦の穂の揺れ方も記憶していたのである。優れた画家は、一度見た情景を細部まで正確に記憶していることがあるが、小津もそうだったようだ。私の知人が、ある著名なイラストレーターと海外に旅行した。その夜に飲んだ時、「午前中に行ったレコード店の窓にキリスト像があったが……」と言われて、知人はまったく憶えていなかった。ところが、写真を現像して見ると、店の窓の下部に非常に小さなキリスト像が写っていて、知人はイラストレーターの「絵画的記憶」の凄さに驚嘆したというのだ。

逆に黒澤は、役者の演技の細部の仕上がりにまで、とことんこだわる監督だった。編集者諏訪三千男は、東京映画で堀川弘通監督の映画『白と黒』で編集の黒岩重民の助手だったとき、黒澤が、堀川のオール・ラッシュを見にスタジオに来た。それは主人公で犯人の仲代達矢の恋人役大空真弓のシーンだった。黒澤は「これもうちょっと直すと、もっと良くなる」と言い、別テイク（再度撮影したテイク）を出させた。当初堀川が「ＯＫ」として編集して繋いだのは「3テイク目」だったが、黒澤は「テイク1を出せ」と言い、諏訪はテイク1を繋いで見せた。すると明確な違いに皆が気づいた。それは、初テイクでは、大空は芝居の展開が分からずに演技した表情だったが、後のテイクでは芝居の続きがわかってしまっていた演技だったのである。このように黒澤は、役者の演技の良さをそのぎりぎりまで引き出す監督で、それは松竹流の自然な、さりげない演技術とは反対に、むしろ演劇的な演技術、演出方法だった。

だが、これは小津が演劇に精通していなかったということではない。小津は、映画『お早よう』公開の際、漫画家近藤日出造との週刊誌の対談で次のように言っている。

舞台の場合は一番目には踊りなどをやって、二番目狂言に渋いものをやるというわけなんですが、それに例えた場合、映画は三番目の狂言と言えるんじゃないでしょうか。二番目ものより、もっと自然なもの……だから異質じゃないと思うんです。（小津「やァこんにちは」近藤日出造「週刊読売」1959年）

ここで言っている舞台とは、歌舞伎のことで、演目の組み方が最初の狂言は、踊りや時代物狂言で、次に世話物などを出すことを言っている。映画が三番目の狂言というのは、おそらく新歌舞伎のようなものを指しており、より自然なリアルな表現のものを目指していたわけで、小津は演劇にも高い見識を持っていたことが良くわかる。

二人の年齢のちがい

小津は1903年生まれで、黒澤は1910年生まれと、二人には7年の年齢差があった。そして小津は20歳で松竹蒲田撮影所に入っているのに対し、黒澤がPCLに入社したのはかなり遅く26歳だったので、二人の撮影所人生の始まりには15年近い差ができた。この間に日本映画は、サイレントからトーキーになり、1943年に黒澤は初監督作品として『姿三四郎』を作った。この時は戦時体制下で、前年に制定された映画法による監督昇進の審査があり、情報局の役人が些細なことで『姿三四郎』に文句を言った時、小津が「120％合格」と言ったのは有名な話で、これが二人が公式的に会った最初だったはずだ。

日本映画四大監督の溝口健二、小津安二郎、成瀬巳喜男、そして黒澤明の内、黒澤のみがサイレント映画を撮っておらず、他の三人はいずれもサイレント作品が監督歴の始まりである。だが、黒澤も、若い頃は当然、内外のサイレント映画を多数見ており、黒澤の作品の語り口（ワイプの使用など）は、まさにサイレント映画の技法であり、彼もサイレントから大きな影響を受けている。要は、映画の基本はサイレント映画なのである。だが、この年齢の違いが、本来は戦場に行くべき黒澤と小津の違い（若い黒澤が行かず、年上の小津が戦地に行った）を産むのだから現実はわからないものである。

戦争体験の差異と作品への影響

小津は、中国戦線での兵役、さらに戦争末期には戦争映画製作のための南方への従軍と二回の戦争経験がある。これに対して、黒澤明は、年齢的にも、体格的に見ても十分に甲種合格で兵役義務があったにもかかわらず、一度も従軍していない。これは大変に異常なことであり、その理由は東宝の映画製作の責任者森岩雄の「黒澤を第二の山中貞雄にするな！」との的確な判断から来たものである。誤解されると困るが、私は拙著『黒澤明の十字架』（現代企画室）でも、黒澤に従軍経験がないことを批難していたわけではまったくない。『黒澤明の十字架』を出して驚いたことの一つに、「なぜ黒澤明の徴兵忌避の問題をもっと厳しく追及し批難しないのか」とのご批判があった。だが、本来私には、そうした意図はまったくなかったのである。行けば当然死も覚悟しなければならない戦争に、できれば行きたくないと思うのは当然のことだったと私は思うからである。私が言いたいことは、この従軍体験のなさが、戦後、特に東宝ストライキ敗北以後の黒澤の作品、『静かなる決闘』に大きな影響を与えているので、この問題を考えなくては、戦後の黒澤映画の解明はないということなのである。黒澤を批難したくてあの本を書いたわけではないのだ。

一方、小津にあっては、戦後の作品で明らかに戦争のことを主題とすることはなかった。だが、戦後すぐの『長屋紳士録』は別として、『風の中の牝雞』、『早春』、『東京暮色』、そして晩年の『小早川家の秋』、『秋刀魚の味』の登場人物には、大きな戦争の影を読むことができ、小津にとっても従軍体験は重要な意味を持っていたことが良くわかる。あえて言えば、大きな声で言っていない分、重要な意味があるということだろうか。

『風の中の牝雞』は、一般的に、亭主が留守中に生活苦から売春をした妻（田中絹代）の問題を取りあげた映画と解釈されている。だが、本当は出征した日本帝国陸軍の兵士たる夫が、戦場で何をして来たのかが、問われている映画だと私は思う。そう考えないと、最後、夫の佐野周二が妻の田中絹代を誤って階段から突き落とす。だが、すぐには彼女を助けに降りて行かない、佐野の躊躇と沈黙の説明ができないからである。この時の佐野の躊躇は、当時の日本人男性の態度が、フェミニズム的観点から見て、不当なものだったからではなく、むしろ妻を暴行したように、自分の戦場での行為を思い出して動けなくなったと解すべきなのだと私は思う。

佐藤忠男も『小津安二郎の芸術』で、「戦場での兵士としての彼を暗示していたとは言えないだろうか。そして、そのあと彼が妻に対して示す後悔は、彼の、あるいは小津自身の、兵士としての罪の意識とは無関係なものであろうか」と書いている。さらに小津が、アクロバットの女性を使って撮った転落のシーンを約15回も繰り返して見ていたとの編集者浜村義康の回想を付け加えている。

さらに佐藤は、映画『早春』の中の元兵隊だった杉山（池部良）の戦友会での挿話の次に、脚本としては書かれたが、上映時間の都合で撮影されなかったシナリオの部分があったことも付加えている。

平山（三井弘治）　このごろよ、変に偉ぶりやがってよ、おれぁ戦争にゃ反対だったなんて云ってる奴いるけどよ、ありゃお前、食わせ者だな

坂本（加東大介）　そうよ、大嘘だよ。そんな奴いるもんかイ。いたって一人か二人だイ、よっぽど偉え人だ。あの時分そんなこと云ってみろ、おっ殺されちゃったぞ

杉山　おれたちだって、いやだいやだと思いながら、一生懸命やったからなア

坂本　そうだよ。負けちゃかなわねえと思ったもんア

平山　でもよ、負けてよ、よかったんじゃねえか。これで勝ってみろ、バカでもチョンでも軍人の野郎、威張りやがってよ、手も付けられねえぞ

杉山　ウム……

ちょっと間があって

杉山　――もう戦争はごめんだよ

坂本　あゝ、もう真ッ平だイ

確かにこのシーンは、余計でもあり、不必要でもあっただろう。だが、逆にこの辺が小津の戦争への本音だったと思える。戦争へは普通の国民の一人として、嫌々ながらも従軍し戦った。だが、それはもう二度としてはならないもので、本当に愚行だったと。

小津の遺作になった『秋刀魚の味』では、こうした気分は、さらに強くなっている。駆逐艦の元船長の平山（笠智衆）が、ラーメン屋で偶然に下士官兵坂本（加東大介）に会い、行きつけのバーに連れて行かれる。加東は「もし日本が勝っていたら……」という空想を口にするが、「バカな野郎が威張らなくなったので」良かったと日本の敗戦に納得する。そして『軍艦マーチ』をバーのママ（岸田今日子）に掛けさせて、体を揺すって海軍時代の敬礼のポーズをする。ここでは、老齢に差しかかった二人の男は、ただ昔を懐かしんでいるだけであり、戦争肯定の気分はない。さらに、平山の娘の路子（岩下志麻）の結婚式が終わった後、またバーに寄る。ママが『軍艦マーチ』を掛けると、バーのカウンターにいた客（須賀不二男と稲川善一）は、戦時中のアナウンサーの調子で言う。「大本営発表！」「帝国海軍は今暁5時30分、南鳥島海上において……負けました」「そうです負けました！」と喜劇的に駄目を押される。そして、平山はただ『軍艦マーチ』を聞きつつ、バーのカウンターにいるだけである。いったい彼は、そして小津はなにを考えていたのだろうか。

作品の登場人物について

小津作品に出てくる登場人物について考えてみると、そこには上級の軍人や高級官僚、富豪と言われる金持などがほとんど出てこないことに気づく。これは現在よりも遙かに階級社会であった戦前のことを考えると、相当に偏った階層の人間を主人公にしていることになる。こうした庶民を主人公にして映画を作り公開するというのは、小津もそうだが、戦後も一貫して松竹映画の指導者だった城戸四郎の思想に強く基づくものであった。

明治の西洋料理の名店築地精養軒に生まれたが、城戸は、自分は東京下町の人間、江戸っ子という気質を強く持ち、無駄な贅沢とは一切無縁だった。そのため、海外に行く時の飛行機も、ファースト・クラスは一切使わなかったので、同行する他社の社長連中も閉口したと言われている。山田洋次は、城戸の本『わが映画論』の中で、城戸について次のように書いている。

〝マジ〟という言葉を落語家がよく使うが、その〝マジ〟嫌いな人だった。深刻、悲愴、思い入れたっぷりの表現が厭な人だった。そんなに真面目な顔をするほどお前は真面目に生きているのか、どうせそんなことはないだろう、いいかげんなんだろう、いいかげんならいいかげんらしくヘラヘラしてろよ、そのほうが余っ程正直なんだ——城戸さんの意識にはそういうところがあった。陽気で、親切で、あけっぴろげで、正直で、そして正直だからこそいつも照れたような顔で冗談ばかり云っているとして、「それは典型な江戸っ子ぶりだった」と指摘している。

それは、小説家永井荷風などにも共通する、明治維新以後に江戸にやって来た、長州や薩摩の田舎者の官吏などへの、江戸っ子の軽蔑と反発が根底にある感覚だった。そんな気風が蒲田撮影所以来の松竹にはあり、スノビズムの裏返しのような、知的な粋がりが松竹映画の主流で、それは小津も同じだったと言える。

1978年に監督の山本薩夫は、招かれて松竹大船でクーデターの映画『皇帝のいない八月』を撮り、ここではクーデターの目標になる権力の館として総理大臣官邸が出てきた。だが、松竹は、戦前から庶民映画専門なので、首相官邸が出てくる映画を作った経験がなかった。そのため、美術部は図面が引けず、仕方なく官邸に実際に行って装置を作ったそうだ。

小津のもつユーモア

映画『月は上りぬ』の題名について、小津は「月はのぼりぬで、月はあがりぬでは卑猥になる」と言ったそうだ。こうした冗談、あるいは晩年の『彼岸花』『秋日和』『秋刀魚の味』での佐分利信、北竜二、中村伸郎、笠智衆ら旧制中学の同級生たちの、「きれい好き、夜はすこぶる汚な好き」といった男女の性についての戯言。高級な冗談というか、駄洒落のような味が、小津、そして松竹蒲田、大船撮影所の気質である。どんなにつらく苦しいことでも、冗談にしてしまうという性向。それは、2011年に亡くなった落語家七代目立川談志が、「落語とは人間の業《ごう》の肯定である」と言ったことにもよく似ていると思う。

小津の映画では、庶民が出てきて、さまざまな、大抵は愚行を行う。だが、そこでも小津は決してそうした連中を上から裁いたり、否定したりしていない。人間は、本来そのように愚かな者であり、愛すべき存在であると常に肯定している。それが今日に至る、小津映画の世界的な人気の第一の所以だと私は思っている。

対して黒澤明はどうだろうか。彼の映画には、そのように登場人物に対して強いこだわりは見られない。それは彼が１９６０年代中頃まで属した東宝が、都会的な洒落た映画会社として発足し、プロデューサー・システムで合理的に作品を製作する姿勢で、全体に東宝の作品に特定の階層を中心として描くという特徴は薄いからだ。だが、あえて言えば都会のサラリーマンの世界を主に描いたとはいえる。その典型が、「『社長シリーズ』などのサラリーマンもの」であり、さらにその変形というべき植木等主演の「日本無責任時代を代表とする『日本一シリーズ』」である。こうした作品は、東宝にとっては重要なドル箱的娯楽作品だったが、黒澤明は、こうした作品群とは最初から無関係だった。

彼の作品の主人公は、『姿三四郎』『野良犬』『酔いどれ天使』『用心棒』『椿三十郎』のように孤独なヒーローであり、『七人の侍』『隠し砦の三悪人』『蜘蛛巣城』『どん底』のように集団劇である。その中で、注目されるのは、梅毒と戦う医者の藤崎（三船敏郎）が主人公の『静かなる決闘』と元役人の息子の西（三船敏郎）が復讐をする『悪い奴ほどよく眠る』である。どちらも社会派的であり、強いリアリティを持っているのに、黒澤に具体的に現実を取材、調査した形跡が全くないからである。その理由は、『静かなる決闘』が自己の徴兵忌避の問題と兄の自殺を、『悪い奴ほどよく眠る』が恐らくは父親の不当解雇が実は疑獄事件だったらしいことへの怒りから来ているのだと私は思う。つまり二作品は自己の体験から来ているものだと思う。

小津安二郎と黒澤明の作風の違いは、江戸っ子の粋な商人気質と、地方出の非常に真面目な下級の軍人の子として生まれたことの違いだと言えるかもしれない。

小津と黒澤の近年の評価

小津安二郎の映画については、イギリスの映画雑誌『サイト&サウンド』誌の映画監督が選ぶ作品で、『東京物語』が２０１２年に第一位に選ばれるなど、近年世界的に評価が大変に高まっている。

一方、黒澤明作品については、これは私の感触に過ぎないが、日本では若い世代からの関心が減ってきているように思える。この二人の監督への評価の違いは、どこにあるのだろうか。それは彼らの作風の根本的な違いからきているものだと私は思う。非常に単純に言えば、黒澤作品はアクションが本質で、その元は、アメリカ映画のダイナミックなアクションを再現するものであることは黒澤本人がしばしば言っていることである。その典型は『七人の侍』で、私たちのように１９６０年代に映画を見はじめた者にとっては、黒澤映画のダイナミズムには、時には反発もしたが、やはり日本の他の映画にはないものであり、正直「凄いなあ」と憧れたものである。だが、近年ハリウッドの映画は、ＣＧ等を駆使して、普通にはできなかった強烈で魅力あるアクション・シーンを容易に再現できるようになり、普通の観客はそれで十分に満足しているようだ。われわれとしては、「生身の役者の肉体によるアクションとＣＧは全く違う」と言いたいところだが、まあ仕方ないところだろう。

ところが小津安二郎作品にあっては、元々はアメリカの喜劇から多くの影響を受けているが、特に戦後の作品では、日常的な生活や家族関係の劇が多く、それを見ることで、現在は失われてしまった日本の都市生活の日常性の確かさ、といったものに触れることができるものになっている。小津の世界は、もともとドラマチックではなく、ある意味単調で平板だからこそ、時代を越えても少しも変わらない凄さがあるという逆説がある。恐らく１９５０年代、１９６０年代を体験していない日本の若い世代にとっても、小津の映画を見ると、なにか懐かしいものに出会ったような、甘美で切ない感情を呼びさまされるのだと私は思う。まるで、名前しか知らない、自分の祖父や祖母、曽祖父、曽祖母などに会い会話するような幻だろうか。

また、前に松竹作品の根底に江戸落語のような味があると書いたが、小津安二郎映画の本質が落語であり、短編喜劇なら、黒澤明映画の本質は、講談であり、長編浪曲だと言えるかもしれない。こんなことを書くと前著のように、世の黒澤明ファンからお叱りを受けるかもしれないが、少なくとも黒澤明作品の語り口は、ほとんど講談調で通俗的である。だからこそ多くの大衆に受けたのである。増村保造は、黒澤明作品の作画の素晴らしさを限りなく賞揚した後で、次のように書いている。

この偉業を思うとき、黒澤さんが描くストーリー、人物、心情の通俗性、大衆性などは全く問題にならない。氏の作品の傷になるどころか、その画作りの芸術性を高める働きをしているからである。つまり、この通俗性、大衆性があってはじめて、数々の壮大にして美しい大画面や名場面が生まれるのである。又黒澤さんの描く人間の心はやや幼稚で、ときには中学生的なセンチメンタリズム、古くさい浪花節の匂いがすると言われるが、それも又批難できない。……画一途に生きてきた黒澤さんの魂は少年のように瑞々しく若々しく、いささかも汚れたり濁ったりしていない。少々、センチメンタルな唄や浪花節を口ずさんだとしても仕方ないであろう。（増村保造「壮大にして悲壮な天才」）

小津安二郎が、若い頃から老けていて、実際の年齢よりも上に見られたということに比較すれば、黒澤は最後まで若々しく少年のようだったと言える。だから、黒澤の晩年は、その周囲には脚本家などの、かつての仲間が一人もいなくなり、スタッフは自分の家族を中心に、本多猪四郎のような、本当に昔からの友人だけで作品を作ることになったのだとも言えるだろう。

それに対し、小津は、発病から一年足らずの死と比較的急で、しかも次回作『大根と人参』の準備途中だったため、松竹内では、言わば現役に近い環境で、１９６３年12月12日とちょうど60歳の日に亡くなった。それは、高峰秀子が言ったように、彼の画面が「きちんと」としていたように「きちんと」とした死だった。

現在の世界的な評価の高さの原因の一つは、彼の映画が、近代的な都市に生きる親子の問題を描いたことがあることは言うまでもない。世界中の都市において、親子の葛藤という課題は、各国の近代化の過程で共通して起きるものであるための高い評価であると言えるだろう。

こんな小難しい理屈付けを聞いたら、小津は、俺はただ豆腐を作ってきただけで、やっと世界も豆腐の美味しさに気づいたのか、と照れて言うに違いないだろうが。

公開年月	作品名	脚本・脚色	主な出演者
1934（昭和9）年 5月	母を恋はずや	池田忠雄 野田高梧 荒田正雄	吉川満子、大日方伝、三井秀男、他
11月	浮草物語	池田忠雄	坂本武、八雲理恵子、坪内美子、他
1935（昭和10）年 1月	箱入娘	野田高梧 池田忠雄	飯田蝶子、田中絹代、他
11月	東京の宿	池田忠雄 荒田正男	坂本武、岡田嘉子、坂本武、他
1936（昭和11）年 3月	大学よいとこ	荒田正男	近衛敏明、笠智衆、高杉早苗、他
	鏡獅子（記録映画）		六代目尾上菊五郎、松永和楓、他
9月	一人息子	池田忠雄 荒田正男	飯田蝶子、日守新一、坪内美子、他
1937（昭和12）年 3月	淑女は何を忘れたか	伏見晁、小津	斎藤達雄、栗島すみ子、桑野通子、他
1941（昭和16）年 3月	戸田家の兄妹	池田忠雄、小津	佐分利信、高峰三枝子、葛城文子、他
1942（昭和17）年 4月	父ありき	池田忠雄 柳井隆雄、小津	笠智衆、佐野周二、坂本武、他
1947（昭和22）年 5月	長屋紳士録	池田忠雄、小津	飯田蝶子、青木放屁、河村黎吉、他
1948（昭和23）年 9月	風の中の牝雞	斎藤良輔、小津	田中絹代、佐野周二、村田知英子、他
1949（昭和24）年 9月	晩春	野田高梧、小津	原節子、笠智衆、月丘夢路、他
1950（昭和25）年 8月	宗方姉妹	野田高梧、小津	田中絹代、高峰秀子、上原謙、他
1951（昭和26）年 10月	麦秋	野田高梧、小津	原節子、笠智衆、淡島千景、他
1952（昭和27）年 10月	お茶漬の味	野田高梧、小津	佐分利信、木暮実千代、鶴田浩二、他
1953（昭和28）年 11月	東京物語	野田高梧、小津	笠智衆、東山千栄子、原節子、他
1956（昭和31）年 1月	早春	野田高梧、小津	池部良、淡島千景、岸惠子、他
1957（昭和32）年 4月	東京暮色	野田高梧、小津	原節子、有馬稲子、笠智衆、他
1958（昭和33）年 9月	彼岸花	野田高梧、小津	佐分利信、有馬稲子、山本富士子、他
1959（昭和33）年 5月	お早よう	野田高梧、小津	設楽幸嗣、島津雅彦、三宅邦子、他
11月	浮草	野田高梧、小津	中村鴈治郎、京マチ子、若尾文子、他
1960（昭和35）年 11月	秋日和	野田高梧、小津	原節子、司葉子、有馬稲子、他
1961（昭和36）年 10月	小早川家の秋	野田高梧、小津	中村鴈治郎、原節子、新珠三千代、他
1962（昭和37）年 11月	秋刀魚の味	野田高梧、小津	笠智衆、岩下志麻、岡田茉莉子、他

『懺悔の刃』～『大学よいとこ』は松竹蒲田、『一人息子』～『秋刀魚の味』は松竹大船。ただし『宗方姉妹』は新東宝、『浮草』は大映東京、『小早川家の秋』は宝塚映画の制作。

『懺悔の刃』～『東京暮色』は白黒、『彼岸花』～『秋刀魚の味』はカラー。

『懺悔の刃』～『母を恋はずや』はサイレント（ただし、『また逢ふ日まで』は音響版）、『浮草物語』～『大学よいとこ』は音響版、『鏡獅子』は小津初のトーキー、『一人息子』は茂原式トーキー。

〈ウィキペディアを元に作成〉

小津安二郎監督作品一覧

公開年月	作品名	脚本・脚色	主な出演者
1927(昭和2)年10月	懺悔の刃	野田高梧	吾妻三郎、小川国松、河原侃二、他
1928(昭和3)年 4月	若人の夢	小津安二郎	斎藤達雄、吉谷久雄、松井潤子、他
6月	女房紛失	吉田百助	斎藤達雄、岡村文子、国島荘一、他
8月	カボチヤ	北村小松	斎藤達雄、日夏百合絵、半田日出丸、他
9月	引越し夫婦	伏見晁	渡辺篤、吉川満子、大国一郎、他
12月	肉体美	伏見晁、小津	斎藤達雄、飯田蝶子、木村健児、他
1929(昭和4)年 2月	宝の山	伏見晁	小林十九二、日夏百合絵、青山萬里子、他
4月	学生ロマンス　若き日	伏見晁、小津	結城一郎、斎藤達雄、松井潤子、他
7月	和製喧嘩友達	野田高梧	渡辺篤、吉谷久雄、浪花友子、他
9月	大学は出たけれど	荒牧芳郎	高田稔、田中絹代、鈴木歌子、他
10月	会社員生活	野田高梧	斎藤達雄、吉川満子、小藤田正一、他
11月	突貫小僧	池田忠雄	斎藤達雄、青木富夫、坂本武、他
1930(昭和5)年 1月	結婚学入門	野田高梧	栗島すみ子、斎藤達雄、高田稔、他
3月	朗かに歩め	池田忠雄	高田稔、川崎弘子、吉谷久雄、他
4月	落第はしたけれど	伏見晁	斎藤達雄、田中絹代、月田一郎、他
7月	その夜の妻	野田高梧	岡田時彦、八雲恵美子、市村美津子、他
7月	エロ神の怨霊	野田高梧	斎藤達雄、星ひかる、伊達里子、他
10月	足に触つた幸運	野田高梧	斎藤達雄、吉川満子、青木富夫、他
12月	お嬢さん	北村小松 伏見晁、小津 池田忠雄	栗島すみ子、岡田時彦、斎藤達雄、他
1931(昭和6)年 4月	淑女と髯	北村小松、小津	岡田時彦、川崎弘子、伊達里子、他
5月	美人哀愁	池田忠雄、小津	岡田時彦、斎藤達雄、井上雪子、他
8月	東京の合唱	野田高梧	岡田時彦、八雲恵美子、斎藤達雄、他
1932(昭和7)年 1月	春は御婦人から	池田忠雄 柳井隆雄	城多二郎、斎藤達雄、井上雪子、他
6月	大人の見る繪本 生れてはみたけれど	伏見晁、小津	斎藤達雄、吉川満子、菅原秀雄、他
10月	青春の夢いまいづこ	野田高梧	江川宇礼雄、斎藤達雄、田中絹代、他
11月	また逢ふ日まで	野田高梧	岡田嘉子、岡譲二、奈良真養、他
1933(昭和8)年 2月	東京の女	野田高梧 池田忠雄	岡田嘉子、江川宇礼雄、田中絹代、他
4月	非常線の女	池田忠雄	田中絹代、岡譲二、水久保澄子、他
9月	出来ごころ	池田忠雄	坂本武、大日方伝、伏見信子、他

主な参考資料

如月小春『俳優の領分　中村伸郎と昭和の劇作家たち』（新宿書房　２００６年）

高橋治『絢爛たる影絵――小津安二郎――』（文藝春秋　１９８２年）

千葉伸夫『小津安二郎と20世紀』（国書刊行会　２００３年）

片岡義男『彼女が演じた役』（早川書房　１９９８年）

古川ロッパ『古川ロッパ昭和日記・戦前篇・戦後篇・晩年篇』（晶文社　２００７年）

森繁久彌『森繁自伝』（中公文庫　１９７７年）

大場健治『銀幕の恋　小津安二郎と田中絹代』（晶文社　２０１４年）

坂口安吾『堕落論』（岩波文庫　２００８年）

浦辺粂子『映画道中無我夢中――浦辺粂子の女優一代記』（河出書房新社　１９８５年）

渋沢栄一『渋沢栄一伝記資料　43巻』（渋沢栄一伝記資料刊行会　１９６２年）

永井荷風『断腸亭日乗』（岩波書店　２０１１年）

佐藤忠男「城西大学創立20周年　日活１００周年記念シンポジウム」（２０１２年　ウエブサイト）

小津安二郎『全日記　小津安二郎』（フィルムアート社　１９９３年）

小林久三『日本映画を創った男　城戸四郎伝』（新人物往来社　１９９９年）

伊丹万作『伊丹万作全集』（筑摩書房　1982年）
鮎川信夫『戦中手記』（思潮社　1965年）
桑原甲子雄『夢の町――桑原甲子雄 東京写真集』（晶文社　1977年）
安倍寧・白井佳夫・植田信爾　民音トークから（http://www.watanabeforum.com/sponsorship/2009/01/02.html）
岡村章「キネマ旬報」1928年11月1日号
大岡昇平『ルイズ・ブルックスと「ルル」』（中央公論社　1984年）
西河克己『西河克己映画修行』（ワイズ出版　1993年）
西村滋『雨にも負けて風にも負けて』（主婦の友社　1988年）
雨宮昭一『占領と改革』（岩波新書　2008年）
廣澤榮『黒髪と化粧の昭和史』（岩波同時代ライブラリー　1993年）
山田洋次監督『小さいおうち』（2014年松竹　松たか子／倍賞千恵子／黒木華／妻夫木聡）
指田文夫『黒澤明の十字架』（現代企画室　2013年）
黒澤明『蝦蟇の油――自伝のようなもの』（岩波書店　1984年）
堀川弘通『評伝・黒澤明』（毎日新聞社　2001年）
日本体育大学『日本体育大学80年史』（日本体育大学　1973年）
小林久三『雨の日の動物園』（キネマ旬報社　1984年）
森岩雄『私の芸界遍歴』（青蛙房　1975年）

植草圭之助『わが青春の黒沢明』（文藝春秋　１９９２年）
乗杉純「映画『乱』制作秘話」（http://norisugi.com/documentary/hiwa.html）
松竹編『小津安二郎 新発見』（講談社プラスアルファ文庫　２００２年）
日本映画・テレビ編集協会『編集者・自身を語る』（日本映画編集協会　１９９３年）
佐藤忠男『小津安二郎の芸術』（朝日選書　１９９９年）
城戸四郎『わが映画論』（松竹　１９７８年）
田中真澄編『小津安二郎　戦後語録集成』（フィルムアート社　１９８９年）
田中真澄『小津安二郎周遊』（岩波書店　２０１３年）
増村保造「壮大にして悲壮な天才」『黒澤明集成』（キネマ旬報社　１９９３年）
中村秀之『敗者の身振り』（岩波書店　２０１４年）

〔著者紹介〕
指田 文夫
（さしだ・ふみお）

大衆文化評論家。

1948年3月東京大田区池上生。

1972年早稲田大学教育学部英文科卒。

同年から2012年3月まで、横浜市役所勤務。

1983年から「ミュージック・マガジン」に演劇評等を執筆。1991年ウォーマッド横浜を企画。

2008年国連アフリカ開発会議記念イベント・高校生ミュージカル『やし酒飲み』を企画。

著書に『いじわる批評、これでもかっ！――美空ひばりからユッス――までポピュラー・カルチャーの現在』（晩成書房、2001年）、『黒澤明の十字架――戦争と円谷特撮と徴兵忌避』（現代企画室、2013年）がある。

Emishi Shobo

小津安二郎の悔恨

帝都のモダニズムと戦争の傷跡

2015年 8月20日 初版第1刷発行
2015年12月12日 第2刷発行

■著者　指田文夫
■発行者　塚田敬幸

■発行所　えにし書房株式会社
〒102-0074 東京都千代田区九段南 2-2-7 北の丸ビル 3F
TEL 03-6261-4369　FAX 03-6261-4379
ウェブサイト　http://www.enishishobo.co.jp
E-mail　info@enishishobo.co.jp

■印刷／製本　モリモト印刷株式会社
■装幀　柴田淳デザイン室
■ DTP　板垣由佳

ISBN 978-4-908073-13-7 C0074